Hartmut Zieger

„Wäre das Klima eine Bank, Ihr hättet es längst gerettet!"

Eine klimapolitische Streitschrift

IMPRESSUM
Hartmut Zieger
Königsbergerstraße 19
59872 Meschede
ISBN: 9783754641781
veröffentlicht über tolino media
Lektorat: Hartmut Zieger
Korrektorat: Hartmut Zieger
Coverfoto: Hartmut Zieger
Umschlagsgestaltung: Hartmut Zieger
www.klimakrise-h-zieger.de

Herstellung und Druck über tolino media GmbH & Co. KG,
Albrechtstr. 14, 80636 München. Printed in Germany.
Fragen zu Produktsicherheit an: gpsr@tolino.media.

Wer kämpft, kann verlieren,
wer nicht kämpft, hat schon verloren.
E. Bloch

1) Klimakrise und Bankenkrise

„Wäre das Klima eine Bank, ihr hättet es längst gerettet", so steht es auf einem der unzähligen Transparente zu lesen, die bei den Fridays for future-Demonstrationen immer wieder hochgehalten werden. Damit soll die verkommene Werteordnung einer politischen Klasse entlarvt werden, welche seinerzeit 2008/2009 beherzt einen knapp eine halbe Billion Euro schweren Rettungsschirm über insolvente Banken aufgespannt und sie so vor dem Untergang bewahrt hat, die hingegen gut zehn Jahre später unsere Kinder und Enkel, die um ihr nacktes Überleben fürchten, mit einem mutlosen Klimapäckchen abspeist, welches einen Wissenschaftler des Potsdamer Klimaforschungsinstituts zu dem Kommentar veranlasste, dies sei nicht die Rettung, sondern bloß eine Sterbehilfe fürs Klima. Hinter der kontrafaktischen Verknüpfung von Klima- und Bankenkrise verbirgt sich jedoch weit mehr als eine moralische Anklage. Es steckt darin implizit die Forderung, den einzigen und nach Jahrzehnten der Untätigkeit letzten, noch gangbaren Ausweg zu beschreiten für die Rettung des Planeten. Die Bewältigung der Finanz- ist der Präzedenzfall für die Bewältigung der Klimakrise.

2) Es ist fünf Sekunden vor zwölf – Die erste Gemeinsamkeit

Die eindringliche Warnung der Klimawissenschaft lautet: Es verbleibt uns gerade mal eine Galgenfrist von 15 bis 20 Jahren. Bis dahin muss es uns gelungen sein, CO2-neutral zu wirtschaften, d.h. wir dürfen nicht mehr Treibhausgase emittieren, als die Senkenkapazität des Planeten[1] aufzunehmen in der Lage ist. Spätestens 2040[2] und nicht erst 2050 muss der CO2-Peak überschritten werden. Denn dann werden wir voraussichtlich bereits den 1,5-Grad-Celsius-Grenzwert erreichen, welchen sich die Staatengemeinschaft im Pariser Klimaabkommen selbst gesetzt hat. Jenseits dieses point-of-no-return lauern die Kipppunkte, das bedeutet: sich selbst-verstärkende, irreversible und daher unkontrollierbare, natürliche Prozesse wie die Eis- und die Permafrostschmelze, welche direkt[3] oder indirekt[4] die mittlere Erdtemperatur dramatisch ansteigen lassen. Unweigerlich werden wir dann in den Abgrund der 5-Grad-Welt des Jahres 2100 gerissen, gleichgültig wie viele Klimaschutzmaßnahmen wir bis dahin noch ergreifen. Eine 5-Grad-Welt könnte zum Beispiel bedeuten, dass der Planet zur globalen Sahel-Zone versteppt und verödet.[5] Die unter diesen klimatischen Bedingungen erzeugbare, pflanzliche Biomasse reichte gerade mal, wenn überhaupt, um einen Bruchteil der heutigen Erdbevölkerung von acht Milliarden Menschen satt zu machen. Der langen Rede kurzer Sinn: Es ist nicht weniger als fünf Sekunden vor zwölf!

3) Sein oder Nicht-sein: Das ist hier die Frage – Die zweite Gemeinsamkeit

Die erste Gemeinsamkeit der Bewältigung von Klima- und Finanzkrise springt sofort ins Auge. Es muss augenblicklich gehandelt werden. Hätte man 2008 in gewohnter Merkel-Manier erst mal abgewartet: nur nichts überstürzen, wäre die Versorgung der Wirtschaft mit Geld zusammengebrochen, die Arbeitslosenquote wäre auf geradezu biblische Ausmaße hochgeschnellt und das Ganze wäre womöglich wie in den 1920er/1930er Jahren in einem der, wenn nicht gar in dem grausamsten Krieg aller Zeiten kulminiert. Und die zweite Gemeinsamkeit: Heute wie damals stehen wir am Abgrund. „Sein oder Nicht-Sein?“ So lautet die Frage.

4) Die drei klimapolitischen Instrumente

Kommen wir zur dritten Gemeinsamkeit: Zu diesem Zweck muss ich ein wenig ausholen: Klimaschutzpolitik, gleichgültig welcher Couleur, steht auf drei Beinen: 1) staatlich verordnete Preiserhöhung für fossile Energieträger, sei es über CO2-Steuern oder handelbare Verschmutzungsrechte (Zertifikate), um die Nachfrage danach einzuschränken, 2) Verbote, d.h. Vorgabe von Daten für den Ausstieg aus der Nutzung klimaschädlicher Energieträger und damit für die Stilllegung der betreffenden Anlagen und 3) Subventionen für Investitionen in Anlagen, welche ohne fossile Energieträger betrieben werden.

Eine grundlegende, volkswirtschaftliche Unterscheidung ist die zwischen sog. Strom- und sog. Bestandsgrößen. Erstere werden innerhalb der den ökonomischen Kalkulationen üblicherweise zugrundegelegten Rechnungsperiode von einem Kalenderjahr im Mindesten einmal sowohl erzeugt als auch verbraucht, während Letztere sozusagen einen Speicher aufgesparter Nutzungen darstellen, welche über mehr als eine Periode hinweg aufgebraucht werden. Fossile Energieträger stellen Betriebsstoffe dar zur Betreibung der entsprechenden Anlagen, aus deren Nutzung eine mit ihrem Betrieb bezweckte Leistung erwächst. So erbringt das Verbrennen des Betriebsstoffes Benzin in einem durch einen Verbrennungsmotor betriebenen Fahrzeug eine Transportleistung. Fossile Energieträger gehören also zu den Stromgrößen. Bei den durch sie betriebenen Anlagen, seien es Fahrzeuge, Kraftwerksturbinen zur Elektrizitätserzeugung oder Anlagen zur Energieerzeugung für das Betreiben von industriellen Prozessen zur großtechnischen Herstellung von Ur-, Zwischen oder genussreifen Endprodukten, seien es Heizungsanlagen, handelt es sich demgegenüber um Bestandsgrößen.

Das erste klimapolitische Instrument, über den Preismechanismus den Verbrauch klimaschädlicher Betriebsstoffe von Anlagen zu reduzieren, betrifft Stromgrößen. Das dritte Instrument der Subventionen für oder öffentlicher Investitionen in neue klimaneutrale Anlagen setzt hingegen bei Bestandsgrößen an. Genaugenommen ist der Zweck beider klimapolitischer Maßnahmen derselbe: die Ersetzung eines klimaschädlichen Anlagenbestandes durch einen klimaunschädlichen. Der Unterschied ist nur der: das dritte Instrument setzt unmittelbar, das erste nur mittelbar an den Bestandsgrößen an, genaugenommen an der Finanzierung ihrer Erneuerung. Subventionen und öffentliche Infrastrukturinvestitionen werden unmittelbar vom Staat als dem Träger der Klimapolitik finanziert. Das Mittel über den marktkonformen Preismechanismus bezweckt hingegen, den Privatsektor, seien es Haushalte, seien es Unternehmen, zur Finanzierung einer Erneuerung des Anlagenbestandes durch einen Opportunitätskostenvorteil des Betreibens klimaneutraler Anlagen anzureizen, wirkt also indirekt.

Meine These lautet: Das Ausmaß des Erfolges dieser ersten klimapolitischen Maßnahme korreliert mit dem Umfang, in welchem deren Wirkung durch die dritte Maßnahme akkomodiert wird. Derzeit (2019) gleicht die Politik einer Versteigerung bei ebay um den Einstiegspreis der Bepreisung einer Tonne CO2: 10 € bietet die große Koalition, die Grünen legen ordentlich was drauf: 40 € lautet ihr Einstiegsgebot. Bei weitem übertrumpft werden beide von „Fridays for future“ und „extinction rebellion“: 180 €. Was im Eifer des Gefechts bei diesem Überbietungswettbewerb außer Acht gelassen wird, ist die Besonderheit der Stromgröße „fossile Energieträger“: Es handelt sich um kein genussreifes Endprodukt und auch nicht um das Argument einer substitutionalen Nutzenfunktion, sondern um ein Vorprodukt zu einem solchen und darüber hinaus um das Argument einer limitationalen Produktions- bzw. Nutzenfunktion. Wäre der klima- ein gesundheitspolitischer Streit nicht um die Höhe der CO2 Bepreisung, sondern der Tabaksteuer als des Preisbestandteils eines genussreifen, etwa durch Umstieg auf die E-Zigarette substituierbaren Endprodukts, würde ich mich augenblicklich auf die Seite von Fridays for Future schlagen. Bei einem Glimmstengelpreis von dann knapp 10 € würden die Sterberaten durch Lungenkrebs und Herz-Kreislauferkrankungen dramatisch zurückgehen, und an der Bushaltstelle würde ich vom

Passivraucher stinkenden Tabakqualms zu einem von weniger gesundheitsschädlichem und bei weitem wohlriechenderem E-Zigarettendampf. Wären die Wirkungen der klimapolitischen Maßnahmen „CO2 Bepreisung" und „Subventionierung klimaneutraler Anlagen" unabhängig voneinander so wie eine Erhöhung der Tabaksteuer und eine Förderung medizinischer Forschung zur Therapie von tabakkonsumbedingten Herz-Kreislauf-Erkrankungen, würde ich sogar noch gegenüber den 180 € von Fridays for Future eins drauf legen: Warum nicht gleich 500 € für die Tonne CO2? Da erhielte ich garantiert den Zuschlag. Aber leider wirken die beiden klimapolitischen Instrumente nicht jedes für sich.

5) Der Widerspruch zwischen ökologischer und sozialer Frage

Den meisten Politikern steckt noch der Schrecken der an einer Ökosteuer auf Mineralölprodukte entzündeten Gelbwestenproteste in Frankreich in den Gliedern. Anders kann ich mir die soziale Komponente der CO2-Bepreisung nicht erklären. Den Autofahrern – immerhin die Hälfte der arbeitenden Bevölkerung gehört zur Gruppe der Berufspendler – soll über die Erhöhung der Kilometerpauschale der Preisaufschlag, den sie zuvor an der Zapfsäule zu berappen haben, zurückerstattet werden. Klimapolitisch betrachtet ist die Wirkung dieser Maßnahme ungefähr so groß wie die Kilometerleistung meines Kraftfahrzeugs, wenn ich ordentlich auf die Tube drücke, darüber jedoch vergesse, einen Gang einzulegen. Außer viel Lärm und Gestank oder, um auf die Klimapolitik zurückzukommen, außer einem Bürokratiemonster kommt hinten fürs Klima rein gar nichts heraus.

Zurück zu den Gelbwestenprotesten. Auch die Absicht von Macrons steuerpolitischer Maßnahme war klimapolitisch begründet. In Anspielung auf Marie-Antoinettes unvergessliche und in die Geschichte des Zynismus eingegangene Replik „Dann esst doch Kuchen" auf die Protestschreie „Wir haben kein Brot" der unter der steigenden Steuerlast ächzenden, hungernden Bauern am Vorabend der französischen Revolution legte ein Sprecher der Protestbewegung dem französischen Präsidenten die Worte in den Mund: „Dann kauft euch doch eine Öko-Heizung", ich füge hinzu: ein E-Auto.

Hier wird der Grundwiderspruch der Klimapolitik offen ausgesprochen: der zwischen ökologischer und sozialer Frage. Dieser ist nicht auflösbar durch symbolpolitische Mogelpackungen (green washing) wie die Erhöhung der Kilometerpauschale oder durch sonst irgendwelche sozialpolitisch motivierte Rückerstattungen der Preiserhöhung für fossile Energieträger. Wer klima- und sozialpolitische Ziele unter einen Hut zu bringen gedenkt, also nicht die Lösung des einen auf Kosten des anderen Problems anstrebt bzw. unterlässt, der kommt nicht vorbei an einer ausreichenden, fiskalischen Unterlage der Klimasteuerpolitik, an der Subventionierung des Kaufs klimaneutraler Anlagen, d.h. aber an der Akkomodierung des ersten durch das dritte klimapolitische Instrument. Und das, deshalb fürchtet es die herrschende, politische Klasse wie der Teufel das Weihwasser, das wird richtig, aber so richtig teuer. Womit wir endlich bei der dritten Gemeinsamkeit von Klima- und Bankenrettung angelangt wären. Und warum da nicht nur gekleckert werden darf, wie es das Klimapäckchen der GROKO tut, sondern geklotzt werden muss, lässt sich erst ermessen, wenn wir zu der sozialpolitischen Dimension der Klimarettung die industriepolitische hinzunehmen.

6) Die astronomische Größenordnung: Eine dritte Gemeinsamkeit von Klima- und Bankenrettung

Sowohl der sozial- als auch der industriepolitische Widerspruch zur Klimapolitik ergibt sich aus dem Finanzierungsproblem klimaneutraler Anlagen. Bestandsgrößen unterscheiden sich von Stromgrößen nicht nur durch die Länge ihrer Nutzungsdauer, sondern ebenso sehr durch die Zeitspanne, welche ihre Finanzierung in Anspruch nimmt. Während die Ausgaben für Letztere allein aus den Haushaltseinkommen bzw. Unternehmenserlösen der laufenden Periode bestritten werden, nimmt die Finanzierung von Bestandsgrößen, seien es langlebige Gebrauchsgüter oder Produktionsanlagen infolge der Höhe ihrer Anschaffungskosten viele Perioden in Anspruch. Die zur Anschaffung notwendige Summe wird über mehr als eine Periode hinweg entweder in Raten zuvor durch Rückstellungen aufgebracht oder hernach durch Tilgung eines Kredits in Annuitäten geleistet. In der Regel sind Nutzungszyklus, d.h. die Anzahl der Perioden zwischen der Anschaffung einer Bestandsgröße bis zu ihrem vollständigen Verschleiß, sowie Finanzierungszyklus, d.h. die Anzahl der periodenweise zurückgestellten bzw. getilgten Raten zwischen Beschaffung und Ersatzbeschaffung, synchron.

Von dieser Regel gibt es Ausnahmen: Jene besteht in störungsfreien Zyklen, welche durch die gleichbleibenden Abstände getaktet sind, in welchen Ersatzinvestitionen fällig werden, auch Industriezyklen genannt, bei diesen handelt es sich um disruptive Entwicklungen. Spielen wir doch eine solche innerhalb des Energiesektors einmal durch und zwar am Beispiel des Gedankenexperiments der Einführung einer neuen Technik der Energiegewinnung durch Kernfusion: Immer wieder wird für die 2. Hälfte des 21. Jahrhunderts mit deren Serienreife und Einsatzbereitschaft gerechnet. Viele versprechen sich davon einen energiewirtschaftlichen Garten Eden, denn durch die Fusion von Wasserstoff- zu Heliumatomen lassen sich im Vergleich zu herkömmlichen Methoden der Energieerzeugung unter Verwendung fossiler Speicher- oder naturaler Flussenergien mit einem um viele Größenordnungen geringeren Aufwand gleichgroße Energiemengen gewinnen. Die Kernfusion stellt mithin eine sog. Sprungtechnologie dar.

Bei einer störungsfreien, wirtschaftlichen Entwicklung werden zum Ende ihres Nutzungs- und Finanzierungszyklus alte durch neue Anlagen ersetzt und diese refinanziert. Die Ersatz- sind infolge ununterbrochener Entwicklungsanstrengungen der Investitionsgüterindustrie in der Regel von größerer technischer Effizienz als die Altanlagen, ermöglichen also eine Produktivitätserhöhung. Somit ist die Synchronizität der Ersatzanlagenanschaffungen durch die Unternehmen, auch Echoeffekt genannt, nicht nur auf den technischen Grund des Verschleißes zurückzuführen, sondern auch dem ökonomischen Zwangsgesetz der Konkurrenz geschuldet, das einen Wettbewerber bei Strafe des Untergangs dazu zwingt, im permanenten Wettlauf um Produktivitätserhöhungen mitzuhalten.

Zurück zu unserem Gedankenexperiment: Die Aufwands-Ertrags-Ratio der Kernfusion ist konkurrenzlos günstig. Ein Pionierunternehmen, auch Innovator genannt, welches diese Technik zuerst zur Anwendung bringt, kann infolge seiner um Größenordnungen geringeren Kosten bei gegebenem Marktpreis erhebliche Marktlagenprofite erzielen. Das Zwangsgesetz der Konkurrenz zwingt die Wettbewerber zur Imitation. Das bedeutet aber eine Desynchronisation von Nutzungs- und Finanzierungszyklus. Denn während die Nutzung der Altanlagen vorzeitig abgebrochen wird, muss die Finanzierung, da die Altanlagen vermutlich unverkäuflich werden, bis zu ihrem vorgesehenen Ende geleistet werden. Mehr noch: auf die Unternehmen kommt eine doppelte Belastung zu. Die Finanzierung der alten und oben drauf die der neuen Anlage, während gleichzeitig nur eine, die Letztere genutzt wird und Erlöse abwirft. Dank des sog. Leverage-Effekts der hinzukommenden Finanzierung lässt sich diese finanzielle Doppellast jedoch ohne weiteres stemmen. Denn die Erlöse aus der Nutzung der neuen Anlage sind überdurchschnittlich hoch. Sämtliche Imitatoren des Innovators, welche auf den Markt kommen, bevor auf Grund des zunehmenden Konkurrenzdruckes um Marktanteile die Kosteneinsparungen der neuen Technologie an die Abnehmer über Preissenkungen weitergereicht werden, kommen noch in den Genuss der Hebelwirkung von deren Finanzierung. Wer jedoch zu spät kommt, den bestraft das Leben. Unternehmen, welche über unzureichende, liquide Reserven verfügen, gehen unter der finanziellen Doppellast in die Knie und verschwinden vom Markt oder brechen gegebenenfalls unter der Last der Kosten nicht erneuerter Altanlagen zusammen, sobald der Kostenvorteil der Ersatzanlagen eingepreist ist.

Lassen Sie mich nicht nur den Vorgriff auf eine Zeitenwende in der Energieerzeugung zum Ende des 21. Jahrhunderts durchspielen, sondern spaßeshalber auch noch gleich den Sprung in ein neues Zeitalter der Mobilität, ins Enterprise Zeitalter: Stellen Sie sich ein Start-Up vor, welches plötzlich mit dem Werbeslogan an die Öffentlichkeit träte: „Scotti, beam me up to San Francisco!" Airbus, Boeing, VW, Toyota, BMW, Daimler Benz, Ford und GM, selbst Tesla, entweder sie würden in Null Komma Nix eingemottet und verschwänden auf immer in ein Museum für Industriegeschichte, oder sie würden in atemberaubendem Tempo aussteigen aus Auto- und Flugzeugproduktion und zu Massenproduzenten von Beam-Technik. Kernfusion und Enterprise-Mobilität: Das CO2-Problem löste sich ruck-zuck in Wohlgefallen auf, in einigen Jahren könnten unsere Enkel im Winter wieder Schlitten fahren, und Greta Thunberg hätte ihr Lachen wiedergefunden und strahlte seither ununterbrochen wie ein Honigkuchenpferd. Und das alles, ohne dass die Politik auch nur einen Finger gekrümmt hätte. Ganz alleine, ganz aus sich heraus hätte der Kapitalismus die größte Herausforderung der Menschheitsgeschichte bewältigt und zwar durch sein ureigenes Mittel: Innovationen, disruptive Sprungtechnologie-Innovationen.

Obwohl der drohende, ökologische Overkill der Klimakatastrophe Resultat einer entfesselten, unkontrollierten Wettbewerbsdynamik unabhängiger Einzel- wie Gesamtkapitale ist, das neoliberale Wachstumsmodell also an seine planetaren Grenzen stößt, halten dessen Verfechter verzweifelt an diesem Anachronismus fest und deuten die Ursache des Problems um zu dessen Lösung. Bedingung der Möglichkeit von Wachstum sind in der Regel fixkapitalverbrauchende und arbeitssparende Verfahrensinnovationen. Der Anreiz, durch Verfahrensinnovationen den Fixkapitalverbrauch zu vergrößern, d.h. den Produktionsumweg zu verlängern, besteht in einer Steigerung des den zusätzlichen Kostenaufwand (Input) überkompensierenden Agios (Output-Wachstums). Mit der Ausbringungsmenge wächst ebenso sehr der Verbrauch des zirkulierenden Kapitals sowie mitfolgend der Kuppeloutput seiner produktiven Konsumtion und somit der Senkenbedarf. Durch politische Eingriffe in die freie Preisbildung für zirkulierendes Kapital, im Besonderen fossile Energieträger, wird durch unentgeltliche Appropriation bzw. Expropriation angeeignete, globale Allmende vom freien zum bewirtschafteten, d.h. aber zu einem dem Ausschlussprinzip unterworfenen Gut und mithin zum Kostenfaktor. Aus zusätzlichem, aus Innovation resultierendem Fixkapitalaufwand zur Einsparung dieser Kosten resultiert deshalb keine Steigerung des Agios, sondern nur eine teilweise Kompensation seiner Minderung.[6] Die marktförmige Reinternalisierung externer Kosten ist mithin nur der Form nach, hingegen, weil ohne Gewinnpotential, nicht dem Inhalte nach kapitalismuskompatibel.[7] An der von den Apologeten des Liberalismus versuchten klimapolitischen Auflösung dieses Widerspruchs zeigen sich die Grenzen der betreffenden, ordnungspolitischen Philosophie. Um diese zu retten, sind die Liberalen zu einer Verschärfung der Kriterien für Innovationen gezwungen, welche wert sind, durch die Anstrengungen eines entrepreneurs ins Stadium der Serienreife zu gelangen. Bei diesen kann es sich nur um solche handeln, welche die durch Bewirtschaftung ehemaliger Allmende hinzukommenden Kostenfaktoren nicht nur teilweise, sondern vollständig, nach Möglichkeit sogar überkompensieren und daher Gewinnpotential haben. Damit verengt sich das Feld der kapitalismuskompatiblen Innovationen auf solche, die summa summarum kapitalsparend sind, d.h. aber auf Sprunginnovationen.[8] [9] So jedenfalls lässt sich das etwa im Bundestagswahlkampf 2021 vorgetragene, klimapolitische Programm der bürgerlichen Parteien auf den Begriff bringen, die klimapolitische Blockade auf internationaler Ebene lasse sich allein durch Innovationen auflösen, welche die Kosten des Klimaschutzes möglichst auf Null reduzieren.[10] Selbst die Größenordnung einer Investition wie der in die Umstellung der Primärenergieversorgung von fossilen Speicher- auf naturale

Flussenergien zuzüglich der in ihre Ausweitung auf E-Mobilität, Heizenergieerzeugung und Wasserstoffwirtschaft soll so ohne Staatsbeteiligung bewältigt werden können.

Wenn wir davon ausgehen, dass die Erwartungswerte (Wahrscheinlichkeiten) von Innovationen so verteilt sind, dass kapitalsparende Sprunginnovationen nicht den durchschnittlichen Fall inkrementeller Innovationen, sondern den unwahrscheinlichen Grenz-Fall von Basisinnovationen darstellen, welche nur im Rhythmus langer Wellen zu erwarten sind – für den Energiesektor etwa wird die Sprunginnovation der Kernfusion nicht vor der zweiten Hälfte des 21. Jahrhunderts erwartet, also lange nach Verstreichen der 1.5- bzw. 2-Grad-Frist des Pariser-Klimaabkommens -, dann entpuppt sich die marktradikale Klimapolitik als verantwortungsloser Hazard.

Sprunginnovationen sind aktuell nicht abzusehen. Wir müssen also die atemberaubende Disruption der Decarbonisierung in Gang setzen unter Verzicht auf solche. Ich bleibe daher bei meiner These: Die Bewältigung der Finanz- ist der Präzedenzfall für die Bewältigung der Klimakrise.

Denn die bereits erwähnte erste Gemeinsamkeit von Klima- und Bankenkrise, nämlich dass ihre Bewältigung keinerlei Aufschub duldet, verbietet es, dem gewöhnlichen Industriezyklus und damit den Mechanismen des Marktes trotz Fehlens einer Sprunginnovation die Substitution von klimaschädlichen Anlagen durch klimaneutrale zu überlassen, also darauf zu warten, bis dem Fixkapitalvorschuss in Anlagen für naturale Flussenergien gegenüber dem umlaufenden Kapitalvorschuss in fossiler Speicherenergie sowie den verbleibenden Abschreibungen auf die betreffenden Anlagen ein Opportunitätskostenvorteil erwächst; und zwar indirekt allein aus dem Durchschreiten des Peaks eben dieser in der Folge der Erschöpfung ihrer Lagerstätten, vielleicht noch infolge steigender Skalenerträge bei Massenproduktion der neuen Anlagen, hingegen nicht direkt wie bei der Kernfusion aus einer technik- bzw. anlagenbasierten, Fixkapital verbrauchenden und zirkulierendes Kapital, summa summarum Gesamtkapital sparenden Verfahrensinnovation. Bis zum Sankt-Nimmerleinstag haben wir keine Zeit. Im Gegenteil: Nicht nur die Erschließung neuer, fossiler Brennstofflager[11] [12] zeigt, dass um wirtschaftlicher Interessen willen alles darangesetzt wird, den Ausstieg aus dem Fossilismus auf die lange Bank zu schieben bis hin zur tatsächlichen Erschöpfung sämtlicher Ressourcen, im Gegenteil der Klimawandel wird geradezu begrüßt, um auch die Lagerstätten unter den Eisschilden der Arktis noch ausbeuten zu können.

Um Ersatzinvestitionen in gewerbliche oder private Anlagen entsprechend des Erfordernisses der Einhaltung des 1,5°-Ziels zu beschleunigen, ist das dritte Instrument der Klimapolitik, die Subventionierung klimafreundlicher Technologie dem Investitionsbedarf anzupassen. Laut einer Studie des BDI von 2018 beläuft dieser sich allein für Deutschland auf ca. 2,3 Billionen Euro. Wenn die Begünstigung mit staatlichen Investitionshilfen nicht nach dem Gießkannenprinzip erfolgt, sondern nach dem Kriterium der Verschuldungsfähigkeit der privaten und gewerblichen Investoren sowie des Umfangs notwendiger, öffentlicher Infrastrukturinvestitionen in klimafreundliche Technologie, so wächst der staatliche Finanzbedarf vermutlich auf der Bankenrettung von 2008 vergleichbare Größenordnungen bzw. weit darüber hinaus.[13] Das dritte klimapolitische Instrument der Subventionierung dient der Beseitigung von Liquiditäts- und Solvenzproblemen, die klimafreundliche Anlagen-Investitionen verzögern bzw. verhindern.[14]

„In the long run we are all dead." Keynes' Antikritik gegen den kritischen Einwand der evolutionsökonomischen Marktapologeten, eine massive, fiskalpolitische Intervention zur Befreiung der Investoren aus der depressionsperpetuierenden Investitionsfalle petrifiziere technisch ineffiziente und nicht oder zumindest nur suboptimal profitable Altindustrien, indem sie den Prozess der schöpferischen Zerstörung unterbinde und den innovativen entrepreneur ausbremse, trifft a fortiori auf vergleichbare Einwände gegen eine hinreichend dimensionierte, staatliche Anschubfinanzierung eines Umbaus der Gesamtwirtschaft hin zu Klimaneutralität zu. Denn ohne eine solche sind wir tatsächlich alle längst dead, zumindest viele von uns, bevor wir in den Genuss der wohlfahrtserhöhenden Resultate ausschließlich sonderwirtschaftlich hervorgebrachter Innovationen kommen.

Auch der Verweis auf allein durch eine gesetzliche Vorgabe von Ausstiegsfristen erzielte Erfolge im Umweltschutz schließlich, wie die Ersetzung des Treib- und Kühlmittels FCKW bzw. der Einbau von Katalysatoren in Kraftfahrzeuge, verfängt nicht als Begründung für eine Ablehnung einer staatlichen Anschubfinanzierung von erheblichem Umfang für den klimapolitischen Umstieg auf CO2-neutrale Anlagen. Denn beide Beispiele betreffen spezielle, technische Prozesse in eng begrenzten Segmenten der Wirtschaft. Bei Energie-[15] und Verkehrssektor[16] handelt es sich hingegen neben Finanz- und Nachrichtensektor um zentrale Querschnittsektoren, deren Anteil am Kapitalstock bzw. am Bestand langlebiger Gebrauchsgüter der Gesamtwirtschaft selbstredend hoch ist.

7) Noch ein Kostentreiber - Global denken, global handeln: Kostenverteilungsgerechtigkeit zur Überwindung der Blockade des internationalen Klimaprozesses durch Klimabremser

Einen nicht unerheblichen Beitrag zur Zuspitzung der Klimakrise stellt die nachholende Entwicklung u.a. der BRICS-Staaten dar. China ist neben den USA zum größten Emittenten von CO2 aufgestiegen. Scheinheilig ist die moralische Empörung über die sog. Bremser des Umstiegs auf eine CO2-neutrale Wirtschaft, welche völkerrechtlich verbindliche Verpflichtungen zu entsprechenden, ambitionierten Fortschritten bei den internationalen Klimakonferenzen unter dem Dach der UN ausbremsen. Denn zu Recht argumentieren die Entwicklungs- und Schwellenländer, dass die zusätzlichen Kosten für die Nachhaltigkeit ihrer Entwicklung ebendiese verzögern. Ohne die

Übernutzung der Ressourcen- und Senkenkapazität des Planeten, d.h. aber infolge der überproportionalen Expropriation von globaler Allmende durch die Pioniere der Industrialisierung als Bedingung ihres industriellen Vorsprungs[17], hätte eine Bewirtschaftung ebenjener zumindest im gegenwärtigen Entwicklungsstadium nicht die Dringlichkeit, welche sie tatsächlich besitzt. Auch den Staaten mit einem überproportionalen Anteil fossile Brennstoffe urproduzierender Sektoren an der Gesamtwirtschaft ist beizupflichten, wenn sie auf die Pfadabhängigkeit der aus einem fossilistischen Industrialisierungsregime resultierenden, ungleichgewichtigen, internationalen Arbeitsteilung zwischen Produzenten und Verbrauchern ebenjener hinweisen und sich dagegen zur Wehr setzen, auf den betreffenden sunk costs alleine sitzen gelassen zu werden. Bei der moralischen Empörung über Schwellenländer und Energierohstoffproduzenten handelt es sich um nichts anderes als um die scheinheilige Verschleierung einer beggar by neighbour-Politik. Obwohl der Nutzen einer Klimarettungspolitik für sämtliche Staaten als Träger der Klimaschutzpolitik bzw. pro Kopf der Weltbevölkerung gleich ist, ist die Belastung mit den Kosten derselben – wie dargelegt - höchst ungleich verteilt. Die Globalisierung jener Politik ist eine Überlebensfrage. Notwendige Voraussetzung dafür ist eine internationale, distributive Klimagerechtigkeit. Diese wiederum ist unvereinbar mit der Logik imperialistischer Konkurrenz nationaler Kapitale durch wechselseitige Abwälzung ihrer Kosten auf die Konkurrenten. Unabdingbar für eine verteilungsgerechte Finanzierung des Klimaschutzes ist die Einrichtung eines internationalen Ausgleichsfonds. Entnahmen aus demselben sind mit dem Ziel einer international einheitlichen Ratio der durch den ökologischen Strukturwandel bzw. durch die Nachhaltigkeit nachholender Entwicklung zusätzlich hervorgerufenen Kosten zum Pro-Kopf-CO2-Ausstoß (Verursacherprinzip) oder alternativ zum BIP zu bemessen.[18] [19] Schließlich sind auch Negative-Emissions-Technologien zum Geoengeneering zwecks Zeitgewinn für eine Umstellung der fossilistischen Industriegesellschaft auf eine Null-Emissions-Kreislaufwirtschaft auf Grund ihres gleichverteilten Nutzens pro Kopf der Weltbevölkerung zu koordinieren sowie deren Kosten nach dem Grundsatz internationaler, distributiver Klimagerechtigkeit umzulegen, als da wären: Wiederaufforstung, CO2-Sequestrierung, Ozeandüngung, großräumige Beeinflussung des Wettergeschehens etc.

8) Die vierte Gemeinsamkeit: Banken- als Präzedenzfall für Klimarettungspolitik

„Das ist ja alles sozialistisches Teufelszeug" werden viele jetzt gleichwohl dazwischenrufen wollen. Danke für das Stichwort. Bevor jedoch jemand in Schnappatmung verfällt oder dessen Herz zu stolpern anfängt, bitte ich Sie nur für eine Minute noch um ihr Gehör:

In Notsituationen, seien es drohende Bankenzusammenbrüche und damit die Gefahr einer wirtschaftlichen Depression, sei es die Klimakatastrophe und damit der Super-GAU der Gattungsgeschichte, sei es ein Krieg, ist eine Veränderung von Prioritäten unumgänglich. Dem gesamtwirtschaftlichen Zweck der Gefahrenabwehr sind sonderwirtschaftliche Zielsetzungen ausnahmslos unterzuordnen. Alle dazu verfügbaren Mittel sind, soweit erforderlich, jener Verwendung zuzuführen. Die Rettung der Gesellschaft vor dem Untergang ist in solchen Ausnahmesituationen identisch mit dem Gemeinwohl. Sie ist der Inhalt eines von allen zu teilenden volonte generale. Deshalb ist das so verstandene Gemeinwohl ums Ganze verschieden von den public benefits Mandevilles oder dem wohlfahrtsökonomischen Begriff Smiths der maximal möglichen Summe sonderwirtschaftlicher Vorteile als Resultat von private vices und der sie koordinierenden invisible hand des Marktes. Die dezentrale Logik des Marktes hat der Heno-Logik der einheitlichen Führung eines Betriebes durch die gesetzgebende Gewalt als Organ der gemeinsamen Willensbildung des Volkes zu weichen. Nichts anderes ist geschehen zur Bewältigung der Bankenkrise 2008. Nicht Che Guevara, nicht Lenin also, vielmehr niemand geringerer als der Deutsche Bundestag, als US-Senat und –Repräsentantenhaus, als Bundeskanzlerin Angela Merkel, als Finanzminister a.D. Peer Steinbrück, als der 43. Präsident der Vereinigten Staaten G.W. Bush und als sein damaliger Finanzminister Hank Paulson, zuvor CEO von Goldman Sachs, der größten Investment Bank der Welt, sind die maßgeblichen Vorbilder, wenn es um die Abwendung der Klimakatastrophe geht.

Im Ausnahmezustand, in welchem Carl Schmitt zufolge sich erst erweist, wer nicht dem Wortlaut, sondern der Realität der Verfassung nach als Souverän seinen Interessen Geltung zu verschaffen vermag, zeigte der Staat bei der Finanzkrise 2008 sein wahres Gesicht, das eines ideellen Gesamtkapitalisten, eines Ausschusses der Bourgeoisie. In jenem die Klassenherrschaft des Kapitals bedrohenden Ausnahmezustand wurde das ideologische Feigenblatt der herrschenden Gedanken, das der Marktlogik fallen gelassen, der zufolge sämtliche Marktteilnehmer konkurrierende Anbieter indifferenter Faktorleistungen darstellen und somit auf Grund der daraus erwachsenden Chancen auf Gewinn sowie der Risiken des Verlustes jene nutz zu nießen berechtigt wären wie diese selbst zu tragen hätten. Dahinter trat die auf der Infrastruktur der raumwirtschaftlichen Kategorie einer interdependenten, arbeitsteiligen, territorialen Agglomeration aufgepfropfte „Rechtsform" des Kommunismus der Kapitalistenklasse zum Vorschein, die des Nationalstaats als einer gesamtgesellschaftlichen AG. Diese gehorcht keiner markt-, sondern der betriebswirtschaftlichen Logik der wechselseitigen Quersubventionierung ihrer Abteilungen. Das Schlagwort von der Privatisierung der Gewinne und der Sozialisierung der Verluste beschreibt deren spezifische Form im Rahmen der Bewältigung der Finanzkrise.

Zur wirksamen und kurzfristigen Abwendung des Klimanotstandes wäre eine Umkehrung dieser Losung notwendig in: Privatisierung der Verluste und Sozialisierung des Nutzenzuwachses. Denn nur mit dieser Version einer betriebswirtschaftlichen Logik kann der Bremsklotz gelöst werden, der nun schon seit Dekaden, in denen das Klimaproblem auf der Tagesordnung steht, einen grundlegenden Umbau der fossilistischen Industriegesellschaft in eine nachhaltige, Ressourcen- und Senken schonende 0-Emissions-Kreislaufwirtschaft blockiert.[20] Zur Stützung dieser Behauptung vermag ich keinen Berufeneren, weil Glaubwürdigeren in den Zeugenstand zu rufen als Donald John Trump: Indem der 45. US-Präsident beim Osaka Gipfel der G20 im Jahr 2019 nicht erneut den Vogel Strauß mimte und den überdurchschnittlichen Anstieg der mittleren Erdtemperatur seit Beginn des Industriezeitalters von der Theorie ihrer natürlichen Schwankungen gedeckt sah, - eine Erklärung übrigens, die keinem einzigen, ernstzunehmenden Signifikanztest standhält -, indem er diesmal vielmehr seinen Ausstieg aus dem Pariser Klimaabkommen damit begründete, wolle er die daraus hervorgehenden Verpflichtungen einhalten, dann müsse er die US-amerikanische Industrie um 20 bis 25% downsizen, hat Trump in seiner unnachahmlichen, unfreiwillig ehrlichen Art offen die Alternative ausgesprochen, vor welcher die Menschheit steht. Entweder wir retten den Planeten oder wir retten den Kapitalismus. Trump wäre nicht Trump, wenn er sich nicht selbstverständlich für die Rettung des Kapitalismus entschieden hätte. Dabei kann man ihm das gar nicht einmal verdenken. Beim letzten Mal (1929 – 1933), als ein Rückgang der Industrieproduktion von solch biblischen Ausmaßen zu verzeichnen war, wurde die daraus resultierende, sozioökonomische Krise erst durch die Verheerungen eines Weltkrieges mit 55 Millionen Toten und zwei in weiten Teilen verwüsteten Kontinenten bereinigt. Weil der Ausstieg aus Fossilismus und Massentierhaltung im Unterschied zu dem aus der Emission von FCKW oder Schwefeldioxid nicht umgrenzte Teilbereiche betrifft, sondern zentrale Sektoren einer Volkswirtschaft: Energiesektor, Verkehrssektor, intensiv betriebene Land- und Forstwirtschaft, verschlingt ein entsprechender Strukturwandel gigantische Kosten, die ins Astronomische steigen, wenn, weil es das 1,5-Grad-Ziel erfordert, die Zeithorizonte für den Ausstieg eng zu bemessen sind. Nicht nur wegen dieser Dimensionen ist es sozialpolitisch nicht vertretbar, einen solchen Wandel der Logik des Marktes zu überlassen. Ein solcher Strukturbruch nach dem Drehbuch der marktwirtschaftlichen Logik würde der Legitimation für die Auswirkungen der äußeren Selektion durch den Markt den Boden unter den Füßen entziehen. Diese sind bei jenem im Unterschied zu denen eines normalen Abschwungs tiefgreifend und schmerzlich, weil die betroffenen Sektoren durch innere Selektion auf längere Dauer von den Wirkungen äußerer Selektion abgeschirmt gewesen sind und nun als Ganze instantan von diesen erfasst werden. Während jedoch klassische Disruption, also schöpferische Zerstörung ganzer Sektoren eine direkte und daher legitime Wirkung der Marktlogik selbst ist, im Besonderen des Mechanismus der Konkurrenz der auf eigene Rechnung arbeitenden und infolgedessen auf sich selbst gestellten Privatproduzenten sowie ihres gemäß des Gefangenendilemmas daraus resultierenden Strebens nach der Erzielung von Extraprofiten durch Verfahrens- und Produktinnovationen, gehorcht der durch den Klimawandel erzwungene Strukturbruch keiner markt-, sondern einer betriebswirtschaftlichen Logik. Zur Existenzsicherung des Gesamtunternehmens müssen einige seiner Abteilungen bzw. Zweige radikal verschlankt oder geschlossen werden zu Lasten der dort Beschäftigten. Diese Version der Privatisierung der Verluste und der Sozialisierung des Nutzenzuwachses ist – wie gesagt – weder sozialpolitisch noch ideologisch legitimatorisch durchzuhalten. Eine Quersubventionierung, welche zum Nutzen und Frommen des Ganzen, also sämtlicher „Betriebsteile" dient, kann nicht nach den beschriebenen Mustern der Bewältigung der Finanzkrise oder einer der Marktlogik anheimgestellten Überwindung der Klimakrise erfolgen. Die Hauptlast muss vielmehr von den besonders potenten Betriebsteilen, den Nutznießern von vier Dekaden neoliberaler Umverteilung von unten nach oben sowie der Bankenrettung geschultert werden.

9) Ein klassenkampfpolitisches Konzept für die Finanzierung der Klimarettung

Wenn wir uns die Konsequenzen einer Erderwärmung, die die 1,5 Grad-Grenze sprengt, ausmalen, dann braucht die Klimakatastrophe den Vergleich mit anderen Menschheitskatastrophen nicht zu scheuen: Wasserknappheit, infolge von Dürren explodierende Lebensmittelpreise, Ströme von Klimaflüchtlingen, im Vergleich zu welchen sich die syrischen Kriegsflüchtlinge von 2015 wie ein spärliches Rinnsal ausnehmen. Bezogen auf die politischen Verhältnisse der BRD kann mit einem nationalen Notstand – so geschehen nach dem ersten Weltkrieg - die Begebung von zinslosen, langlaufenden Zwangsanleihen nach den Artikeln 106 und 115 des Grundgesetzes verfassungsrechtlich wasserdicht legitimiert werden. Noch nie waren die Kassen der Reichsten der Reichen so prall gefüllt wie nach 4 Dekaden neoliberaler Umverteilung von unten nach oben.[21] Dann hätte der Staat mit einem Schlag genug Munition, um im Kampf gegen den Klimanotstand nicht nur zu kleckern, sondern zu klotzen. Mit dem Bankenrettungspaket und dem Rettungsschirm Deutschland hat der Steuerzahler das Finanz- und Industriekapital 2008 vor dem Untergang gerettet, und zwar in einem Umfang, der nahe an die Aufwendungen für den Aufbau Ost, soweit sie schuldenfinanziert sind, herankommt und der die deutsche Staatsschuld um mehr als 20 % in die Höhe getrieben hat. Deshalb und wegen der Lasten der Corona-Krise fehlt dem Staat jetzt der finanzielle Spielraum für eine vergleichbare Kraftanstrengung zur umgehenden und radikalen Reduzierung der CO2-Emmissionen. Es ist Zeit, die Zocker von damals zur Kasse zu bitten. Artikel 14 Absatz 2 des Grundgesetzes gebietet ihnen die Sozialpflichtigkeit des Eigentums.

„Am 28. März 2009 fanden in Berlin und Frankfurt (aus Anlass der Weltfinanzkrise) große Demonstrationen statt, die von Gewerkschaften und linken, gesellschaftlichen Bewegungen und Parteien organisiert waren. Das Motto „Wir zahlen nicht für eure Krise" fand überall, weit über die Demonstranten hinaus Zustimmung. ... Aber wir wussten damals schon, dass wir doch zahlen würden für diese Krise. Ein halbes Jahr vorher hatten Kanzlerin Angela Merkel (CDU) und Finanzminister Peer Steinbrück (SPD) diesen Zahlungsvorgang bereits eingeleitet."[22] Die öffentlichen Haushalte übernahmen die notleidenden Kredite der Banken und konsolidierten damit die Aktivseite der Bankenbilanzen mit frischem, öffentlich finanziertem Kapital. Dem Steuerzahler, der Allgemeinheit wurde die Funktion eines lenders of last resort aufgebürdet.

Die vorfristige, klimakrisenbedingte Ersetzung des Anlagenbestandes einer Volkswirtschaft, d.h. vor dem Ende seiner Amortisation, impliziert 1) die Umwidmung der Verwendung von Finanzierungsmitteln, die im Rahmen eines regulären Investitionszyklus andernfalls für Ersatzinvestitionen verwendet würden, welche immer auch zugleich das Wachstum intensivierende Rationalisierungsinvestitionen darstellen, 2) des Weiteren eine Phasenvorverschiebung des Finanzierungszyklus und damit eine außerordentliche, zusätzliche Verschuldung. In einem zweifachen Sinne wirkt sich diese Änderung bei den gesamtwirtschaftlichen Bestandsgrößen auf die Stromgrößen aus: 1) Rationalisierungsinvestitionen müssen aufgeschoben werden. Die Opportunitätskosten bestehen in einer Dämpfung des Wachstums der Einkommen als Stromgrößen in der langen Frist. 2) Die Tilgung zusätzlicher Kreditmittel zur Finanzierung eines klimafreundlichen Umbaus des Anlagenbestandes erfolgt durch Umwidmung der Verwendung aktueller Stromgrößen von Konsum- zu Investitionszwecken.

Die sarkastische Umbenennung von Bundesrepublik in Bröckelrepublik Deutschland spricht offen aus, zu wessen Lasten die Erneuerung des Kapitalbestandes der Banken im Gefolge der Weltfinanzkrise gegangen ist, zu Lasten der Befriedigung kollektiver, kultureller Notdurft der breiten Allgemeinheit.[23] Wie ist klassenkampfpolitisch eine Finanzierung des klimafreundlichen Umbaus der Gesamtwirtschaft und vor allem die Tilgung der betreffenden Kreditmittel so zu konzipieren, dass die durch die

Bankenrettung aufgerissene Gerechtigkeitslücke geschlossen wird. Es führt kein Weg daran vorbei, dass die langfristige Dämpfung des Einkommenswachstums auf alle Schultern verteilt wird, denn Finanzierungsmittel für Anlageninvestitionen können nur einmal ausgegeben werden. Das Lucas-Ricardo-Theorem besagt, dass eine wachsende, öffentliche Verschuldung in der langen Frist Steuererhöhungen unausweichlich macht. Eine überproportionale Besteuerung von Vermögen und überdurchschnittlichen Einkommen zu deren Tilgung bewirkt allein noch keine gerechtere Verteilung der Lasten. Denn soweit diese zur Kontraktion der Investitionsnachfrage führt, betrifft die nachfolgende Dämpfung des Einkommenswachstums alle. Vielmehr ist an der zweiten Verwendungsart von Profiteinkommen anzusetzen, am Luxuskonsum. Steuertechnisch bedeutet dies differenzierte Mehrwertsteuersätze, bemessen an der Anzahl der in Herstellung und Betrieb der betreffenden Güter inkorporierten Energiesklaven. Der sog. Theil-Index zeigt die Konvergenz der Zeitreihen der inter- sowie der intranationalen Ungleichheit des CO2-Ausstoßes zwischen 1998 und 2013. Daraus darf geschlossen werden, dass der Anteil des internationalen Entwicklungs- zugunsten des intranationalen Gefälles zwischen der Befriedigung kulturellen Feinbedarfs einerseits und physiologischer sowie kultureller Notdurft andererseits zurückgeht. Im Umkehrschluss bedeutet das: CO2-Ausstoß lässt sich zunehmend auf Luxuskonsum (Pantinkins real-balance-Effekt von Vermögensinflation) zurückführen. Eine Luxussteuer, etwa in Gestalt einer progressiven Energieverbrauchsbesteuerung (produktiver und End-Verbrauch) mit Freibeträgen etwa unter Einsatz des IOT und biometrischer Verfahren oder von Ausweisungspflicht beim Erwerb der betreffenden Güter, ist mithin nicht nur verteilungs-, sondern auch klimapolitisch geboten.

Wenn die Bourgeoisie also ungeachtet der Notwendigkeit einer Bewältigung des Klimanotstandes teilnahmslos am Rande stehen bleibt, die Hände in die vollgestopften Taschen gesteckt, um das viele Geld festzuhalten, während der überwältigende Rest um sein nacktes Überleben fürchtet, dann gilt es unter Hinweis auf die Bankenrettung einen politisch-moralischen Legitimationsdruck aufzubauen, unter dessen Wucht sie ernsthaft damit rechnen müsste, dass jener Rest aufsteht und frei nach Abbe Sieyes die Frage stellt sowie unverklausuliert sich selbst gleich mit die Antwort gibt: „Was sind wir? Alles! Was gelten wir, was gilt unser Überlebensinteresse? Nichts!" ...

10) Indirekte Staatsfinanzierung (deficit spending) als Kernmoment einer postpostfordistischen Regulationsweise mit dem Staat als zentralem Akteur der Decarbonisierung

Eines der zentralen Argumente gegen die für die fordistische Regulationsweise spezifische, keynesianische, nachfrageorientierte Wirtschaftspolitik ist der profit-squeeze-Effekt von Lohnerhöhungen jenseits der Wachstumsrate bzw. der inflationäre sowie zinstreibende Effekt von Geldpolitik, welche fiskalpolitisches deficit spending akkomodiert. Die Angebotspolitik empfiehlt als Antidot Lohnzurückhaltung und die Orientierung des Geldangebots am Wachstum des Potentialoutputs und macht diese wie jene zu Voraussetzungen für eine Steigerung der Profitrate, sowie eine Senkung des Realzinsniveaus. Entgegen ihren Verheißungen ist jedoch das crowding in von der Außenfinanzierung des Staates zu der von privatwirtschaftlichen Realinvestitionen ausgeblieben und somit im Resultat eine Prosperitätskonstellation. Die frei werdenden Kreditmittel sind weniger in den Primärmarkt für Wertpapieremissionen zwecks Realinvestitionsfinanzierung, sondern vielmehr überproportional in den Sekundärmarkt für Wertpapierbestände investiert worden. Die Folge ist Vermögensinflation.[24] Aneignungstheoretisch bedeutet das: Core der neoliberalen Wende von der Nachfrage- zur Angebotspolitik ist die Befreiung privatwirtschaftlicher, durch einen Produktionsaufwand (Sachmittelvorschuss, Arbeit) vermittelter Aneignung von Überschüssen von den Fesseln unmittelbarer Aneignung (rent seeking[25]) auf Basis staatlicher Zwangsgewalt (Steuererhebung, Primärverteilung innerhalb eines collective bargaigning- Prozesses). In Wahrheit ist jedoch an die Stelle von staatlichem privatwirtschaftliches rent seeking getreten. Diesen Übergang leitet Lukas Zeise stamokaptheoretisch[26] ab und entmystifiziert damit den neoliberalen Marktradikalismus. Innerhalb eines deflatorischen Umfeldes infolge einer für spätkapitalistische Ökonomien spezifischen, gedämpften Wachstumstendenz[27] generiert eine expansive Offenmarktpolitik[28] [29] durch Orientierung der Angebotsseite an den systemischen Risiken der Finanzmärkte (Greenspan, Bernankee) sowie von der Nachfrageseite her die Dämpfung des Rückstromprinzips infolge von moral hazard in Erwartung des Hedging einer scherenförmigen Entwicklung zwischen Kurs- und Fundamentalbewertung durch den Fiskus als lender of last resort zur nachfragepolitischen Abwendung eines Umschlags des Kredit- ins Monetarsystem (to big to fail) und damit der sozialen Verwerfungen einer Depression einen Geldüberhang, der als Plethorakapital in den Kreislauf des fiktiven Kapitals eingeschleust wird und dessen Stromstärke überproportional anschwellen lässt.[30] [31] In der Eurokrise gerät die Budgetrestriktion der Staaten der Semiperipherie durch jenes Stamokap-Hedging ungeachtet ihrer vergleichsweise größeren Elastizität gleichwohl an ihre Grenzen. Der Übergang von deren Finanzierung aus der fundierten in die Ponzi-Form und damit der freie Fall in die Depression wird abgewendet durch die Zentralbank (EZB), indem diese als lender of last resort zweiter Stufe in die durch die drohenden Staatsinsolvenzen entstehende Lücke innerhalb der Kreditkette einspringt.

Die Gelbwestenproteste in Frankreich sowie der von den Grünen in ihr Programm zur Bundestagswahl 2021 aufgenommene Pakt zwischen Politik und Industrie zeigen, dass es sich bei dem Sand im Getriebe des Umbaus hin zu Klimaneutralität nicht in erster Linie um ein Anreizproblem handelt, das durch staatliche Eingriffe in die Preisbildung auf den Märkten für Energie beseitigt werden kann, sondern um das Problem der privatwirtschaftlichen Finanzierbarkeit klimaneutraler Anlagen. Anstatt also den Krokodilstränen der monetaristischen Stabilitätsapologeten über den ordnungspolitischen Sündenfall der indirekten Staatsfinanzierung[32] [33] auf den Leim zu gehen, sollte der Staat dieses in der Krise der postfordistischen Regulationsweise etablierte Instrument ihrer Bewältigung offensiv nutzen, um die vermutlich die Kosten der Bankenrettung bei weitem übersteigenden Kosten einer Notbremse, welche den Klimawandel vor Erreichen der Kipppunkte zum Halten bringen, zu stemmen. In einem durch eine schwache, private Investitionsneigung gekennzeichneten, spätkapitalistischen Umfeld wird die ordnungspolitische Befreiung der Staatsgeldschöpfung von fiskalpolitischen Rücksichten im Interesse des kommerziellen Verkehrs ohnehin mehr und mehr zum Anachronismus.

11) Zusammengefasster, klimapolitischer Forderungskatalog

1)ein gegebenenfalls transitorisches, postpostfordistisches Regulationsregime, um die Erderwärmung noch diesseits der Kipppunkte anzuhalten (Notbremse)

a)am Kriterium der Schuldentragfähigkeit orientierte, staatliche Subventionen für die Erneuerung des privatwirtschaftlichen, klimaschädlichen Anlagenbestandes der Betriebe und Haushalte

b)staatlich finanzierte Investitionen in eine klimaneutrale, öffentliche Infrastruktur

c)industriepolitische Implementierung von Kristallisationskeimen des Strukturwandels durch gesamtwirtschaftliche, betriebsförmige Quersubventionierung, u.a. um dem Verpuffen einer durch Subventionen anziehenden Nachfrage durch inflationäre Effekte infolge von Kapazitätsengpässen auf der Angebotsseite vorzubeugen.

d)Außenfinanzierung von a), b) und c) durch:

i)Zinslose und langlaufende Zwangsanleihen auf thesaurierte Differenzgewinne aus Spekulationsgeschäften ii)indirekte Staatsfinanzierung

iii)Schuldendienst u.a. durch die Festsetzung differenzierter Mehrwertsteuersätze auf genussreife Güter nach Maßgabe von in deren Herstellung und Nutzung inkorporierten Energiesklaven (Luxussteuer etwa in Gestalt einer progressiven Energieverbrauchsbesteuerung (produktiver und End-Verbrauch) mit Freibeträgen unter Einsatz des IOT und biometrischer Verfahren oder von Ausweisungspflicht beim Erwerb der betreffenden Güter)

e)steuergesetzgebungstechnisch gesetzte, negative Anreize (Opportunitätskostennachteile) des Erwerbs von fossilen Brennstoffen zum Betrieb klimaschädlicher Anlagen der Energieerzeugung, der Heizenergieerzeugung, für das Betreiben großindustrieller Prozesse sowie von Verkehrsmitteln in einer prohibitiven Größenordnung für private sowie gewerbliche Nutzer mit einem Einkommen, Vermögens- oder Eigenkapitalbestand jenseits der Schuldentragfähigkeitsgrenze

f)internationale, distributive Klimagerechtigkeit durch transnationale Quersubventionierung des klimakrisenbedingten Strukturwandels, d.h. durch Ausgleich von dessen ungleich verteilten Kosten bei gleich verteiltem Nutzen sowie durch auf sämtliche Staaten gemäß ihres Pro Kopf-CO2-Ausstoßes umzulegende Finanzierung von NIT unter dem Dach der UN bzw. G20

i)Finanzierung durch eine internationale Abrüstungsvereinbarung (nach dem Muster des KSZE-Prozesses) eines Minus–x-Prozent Ziels (in Analogie zum Nato +2-Prozent-Ziel), d.h. Finanzierung des ökologischen Umbaus durch die vorweggenommene Friedensdividende der Vorbeugung von in der Zukunft drohenden Kriegen um Wasser und einen zurückgehenden Flächenbestand für die Nahrungsmittelproduktion.

g)Erziehungszollregime

LITERATURVERZEICHNIS

M. Aglietta, Ein neues Akkumulationsregime, Hamburg, 2000

E. Altvater, Aufstieg und Niedergang des fossilen Energieregimes Oder: Die Ökologie der globalen Ökonomie, ausgearbeitete Version eines Vortrags in Quito, Ecuador, Februar 2004

U. Beck, Was ist Globalisierung?, Frankfurt, 2007

J. Bischoff, Globale Finanzkrise, Hamburg, 2008

H. J. Bontrup, Pikettys Kapitalismus-Analyse, Bergkamen, 2014

G. Binus, B. Landefeld, A. Wehr, Staatsmonopolistischer Kapitalismus, Köln, 2014

P. Brödner, Industrie 4.0 und Big Data, Bergkamen, 2016

F. Butello, S. Nuss (Hrsg.), Marx und die Roboter, Berlin, 2019

F. Cymbalista, Zur Unmöglichkeit rationaler Bewertung unter Unsicherheit, Marburg, 1998

K. Dörre, C. Schickert (Hrsg.), Neosozialismus, München, 2019

J. K. Galbraith, Eine kurze Geschichte der Spekulation, Frankfurt a. M., 2010

M. Heine, H. Herr, Volkswirtschaftslehre, München, Wien, 1999

H. J. Hennecke, Friedrich August von Hayek, Hamburg, 2008

S. Kaufmann, I. Stützle, Kapitalismus: Die ersten 200 Jahre, Berlin, 2014

A. Kleidon (Max-Planck-Institut für Biogeochemie, Jena), Kraftwerk Erde: Wie das Erdsystem erneuerbare Energien erzeugt und Grenzen der Nutzung setzt, in Jahrbuch der Max Planck-Gesellschaft, 2011/2012

A. Knolle-Grothusen, S. Krüger, D. Wolf, Geldware, Geld und Währung, Hamburg, 2009

S. Krüger, Politische Ökonomie des Geldes, Hamburg, 2012

K. Müller, Globalisierung, Frankfurt, 2002

H. Pahl, Das Geld in der modernen Wirtschaft, Frankfurt a. M., 2008

PROKLA 30, Krise und Krisentheorie, Berlin, 1978

A. F. Reiterer, Der Piketty-Hype – „The great U-Turn", Bergkamen, 2014

G. Sandleben, Finanzmarktkrise – Mythos und Wirklichkeit, Norderstedt, 2011

G. Sandleben, Nationalkapital & Staat, Hamburg, 2003

W. Schelkle, M. Nitsch (Hrsg.), Rätsel Geld, Marburg, 1998

J. A. Schumpeter, Geschichte der ökonomischen Analyse I und II, Göttingen, 2009

J. H. de Soto, Sozialismus, Wirtschaftsrechnung und unternehmerische Funktion, Stuttgart, 2013

D. J. Weder, Umwelt, Bedrohung und Bewahrung, Bonn, 2003

G. Wöhe, Das betriebliche Rechnungswesen, München, 1990

L. Zeise, Finanzkapital, Köln, 2019

L. Zeise, Geld – der vertrackte Kern des Kapitalismus, Köln, 2010/2011

H. Zieger, „Systeme Change Not Climate Change" - Sozialismus 4.0: Ökosozialistische Konzeption einer nachhaltigen Wirtschaftsordnung, erscheint demnächst

VERZEICHNIS DER FACHAUSDRÜCKE

akkomodieren

Bei Assimilation durch CO2 Bepreisung handelt es sich um eine Anpassung erster Stufe, nämlich des sonderwirtschaftlichen energie- und verkehrstechnischen Anlagenbestandes an eine CO2 Konzentration der Atmosphäre, welcher vereinbar ist mit einem Klimaregime, das die physikalischen Bestandsvoraussetzungen der Gattung „Mensch" nicht in Frage stellt. Bei Akkomodation durch Subventionierung handelt es sich demgegenüber um eine Anpassung zweiter Stufe, nämlich jener sonderwirtschaftlichen Assimilationsfähigkeit an die klimapolitische Notwendigkeit der Finanzierbarkeit klimaneutraler Anlagen.

Allmende

Gemeineigentum, etwa der Dorfgemeinschaft an Wald- und Weidefläche zur kollektiven Nutzung (Holzeinschlag, Fütterung des Viehs)

Amortisation

Deckung der für ein Investitionsgut aufgewendeten Anschaffungskosten aus dem damit erwirtschafteten Ertrag[34]

Annahmezwang

Verpflichtung, ein gesetzliches Zahlungsmittel zur Erfüllung von Zahlungsverpflichtungen zu akzeptieren

Annuität

Jahreszahlung an Zinsen und Tilgungsraten bei der Amortisation einer Schuld[35]

Angebotspolitik

Wirtschafts- und Finanzpolitik, welche die Angebotsbedingungen der Unternehmen verbessert (Beispiele: Lohnkostenreduktion, Steuersenkung)

Appropriation

Aneignung

Außenfinanzierung

Bei der Außenfinanzierung wird Kapital von außen einem Unternehmen zur Verfügung gestellt entweder als Eigenkapital (aus dem Privatvermögen der Anteilseigner etwa durch Erwerb von Anteilsscheinen) oder als Fremdkapital (Bankkredit, Verkauf von Anleihen)

außenwirtschaftliches Verkehrsmoment des Geldes

Die sog. „currency- bzw. Verkehrsgeld-Theorie" erklärt die Deckung des nationalen Banknotenumlaufs mit einem werthaltigen Edelmetallschatz in den Tresoren der Zentralbank zur Voraussetzung für die Annahmefähigkeit des Geldes durch das Publikum. Demgegenüber hält die sog. „banking- bzw. Kreditgeld-Theorie" den Umstand, dass das Geld per Kredit emittiert wird von der Zentralbank gegen die Hinterlegung von Wertpapieren als Sicherheiten durch die Geschäftsbanken, für ein hinreichendes, funktionales Äquivalent zur Edelmetalldeckung. Denn ein Kredit impliziert ein Rückzahlungsversprechen des Schuldners an den Gläubiger, d.h. aber das Rückstromprinzip. Damit ist in die Kreditgeldschöpfung eine Sicherung eingebaut gegen eine scherenförmige Entwicklung zwischen einem inflationären Wachstum von an sich wertlosen Wertzeichen und der realwirtschaftlichen Wertschöpfung, deren Teile gegen Hingabe von Repräsentativgeld innerhalb des Publikums den Besitzer wechseln. Da der Waren-und Kapitalverkehr innerhalb der Gemeinschaft von Währungsräumen nicht vermittelt ist durch ein einheitliches Kreditgeld einer supranationalen Zentralbank, müssen Zahlungsbilanzungleichgewichte infolge von Leistungs- oder Kapitalbilanzüberschüssen durch transnationalen

Besitzerwechsel an sich werthaltiger Vermögensgegenstände ausgeglichen werden. Darin besteht das internationale Verkehrsgeldmoment des Geldes.

Austerity-Politik

Sparpolitik

Basisinnovation

Innovation, welche eine industrielle Revolution (branchenübergreifende Umwälzung der Produktionsverfahren) auslöst (Dampfmaschine: 1. Industrielle Revolution; Elektrizität und Verbrennungsmotor: 2. Industrielle Revolution; Mikrochip: 3. Industrielle Revolution; steuerungstechnolgische KI: 4. Industrielle Revolution)

beggar by neighbour

Erringung wirtschaftlicher Vorteile durch eine Nation auf Kosten anderer Nationen

biometrisch

Personenerkennung durch unverwechselbare, körperliche Merkmale (z.B. Iriserkennung)

BRICS

Gruppe großer Schwellenländer: Brasilien, Russland, Indien, China, Südafrika

Biozöonose

Lebensgemeinschaft verschiedener Arten

Budgetrestriktion

Grenze für die Staatsausgabenfinanzierung durch Aufnahme von Schulden und Erhebung von Steuern. Jenseits derselben droht der Staatsbankrott.

Bust

Crash

collective bargaigning

Verhandlungen zwischen Kollektiven (z.B. Tarifverhandlungen)

CO2 Sequestrierung

technische Abspaltung von CO2 aus Emissionen und unterirdische Einlagerung in mineralisierter Form

crowding in

Verdrängung staatlicher Kreditaufnahme zwecks nachfragepolitischer Auslastung unterausgelasteter Kapazitäten, welche für Nachfrage-Peaks vorgehalten werden, durch private Kreditaufnahme zwecks kapazitätserweiternder Investitionen

deduktiv nomologisch

Erklärung einer einzelnen Erscheinung aus allgemeinen Gesetzen (z. B: Naturgesetze)

deficit spending

Finanzierung von Staatsausgaben durch Kreditaufnahme

Deflation

Verfall des Preisniveaus

Differenzgewinn

finanzwirtschaftliche, positive Differenz zwischen Einkaufs- und Verkaufspreis eines Vermögensgegenstandes, welche kein Resultat von durch Arbeitsaufwand erzielten, realwirtschaftlichen

Erträgen ist

Diskontsatz

Der Diskontsatz ist im Bankwesen der Zinssatz, zu dem ein Kreditinstitut Wechsel (vom Verkäufer einer Ware dem Käufer gewährter Warenkredit bis zu einem Fälligkeitstag. Dieser gestattet ihm, die Kaufsumme erst nach Weiterverkauf der gekauften Waren zu zahlen) an die Zentralbank verkaufen (rediskontieren) kann. Damit kann es sich kurzfristig Liquidität verschaffen. Als Preis zahlt es dafür den Diskontsatz (als Abschlag vom Nominalwert des Wechsels).[36]

diskretionär

Einflussnahme der Politik auf den ökonomischen Prozess (z.B. Subventionierung)

Disruption

Niedergang eines Wirtschaftszweiges (z.B. Zechensterben im Ruhrgebiet infolge der Konkurrenz durch kostengünstigere Importkohle)

Dissipation

siehe Entropie

distributive Gerechtigkeit

Verteilungsgerechtigkeit durch Umverteilung, welche sich beispielsweise an Grundbedürfnissen orientiert (Bedarfsgerechtigkeit)

Elastizität

hier: Schuldentragfähigkeit

Entrepreneur

risikobereiter Unternehmer, welcher eine Erfindung (Invention) zur serienreifen Produktion führt (Markteinführung = Innovation)

Entropie

Dem Energieerhaltungssatz zufolge bleibt die Summe der Energie innerhalb eines Systems unverändert. Energie geht also nie verloren, sondern wird nur umgewandelt und zwar von Energie in Exergie-Form (Energie, mit Hilfe derer Arbeit verrichtet werden kann (Transport, Aufbau geordneter Strukturen (Negentropie)) unter Dissipation (z.B. Reibung) in Energie in Anergie-Form (Wärme = gleichverteilte, ungerichtete und ungeordnete Bewegungsenergie von Molekülen, welche keine Arbeit verrichten kann). Entropie ist ein Maß für den Anteil der Anergie an der Gesamtenergie eines Systems und damit für dessen Ordnungszustand.

Erwartungswert der abgezinsten, zukünftigen Erträge

Kurs eines Wertpapiers; Abzinsung ist eine Rechenoperation, mit der der heutige Wert einer zukünftigen Zahlung ermittelt wird. Jener ist gleich dem heute zinsbringend angelegten Betrag, der vermehrt um die Zinszahlung bei Fälligkeit äquivalent ist mit dieser zukünftigen Zahlung.

Expropriation

Enteignung

Faktorintensität

quantitatives Verhältnis von Produktions-faktoren (z.B. Kapitalintensität = Wert des Sachkapitals im Verhältnis zum Wert der lebendigen Arbeit (Unterhaltsmittel, Lohn)) *fiktives Kapital*

Eine jedwedes Versprechen der Leistung einer Folge zukünftiger, regelmäßiger Zahlungen (Zins, Tilgung), deren Summe der aufgezinsten, ursprünglichen Kreditsumme (Gegenwartszahlung) entspricht, wird durch die Umkehrung jener Aufzinsungsoperation durch Abzinsung (siehe Erwartungswert der abgezinsten, zukünftigen Erträge) in den sog. Gegenwartswert der zukünftigen Zahlungen umgerechnet. Ökonomisch betrachtet, wird dieser Vorgang als Kapitalisierung definiert. Damit wird jeder Kredit, sei es Kapitalkredit für langfristige, profitversprechende Anlageinvestitionen (reproduktionsnotwendige und Überschuss-Produktion), sei es kommerzieller Kredit (Warenkredit, Wechsel, siehe Diskontsatz), sei es Staatskredit (kollektive Konsumtion), sei es Konsumentenkredit (individuelle Konsumtion), zu einem Zinseinkommen abwerfenden Kapitalwert. Marx nennt das fiktive Kapital die Mutter aller verrückten Formen, insofern Überschüsse nur der Kapitalzirkulation entspringen, die Kapitalisierung jedweder Zahlungsströme aber den Schein erweckt, als gehe jede als zinsbringender Kredit ausgereichte Summe mit der Potenz schwanger, einen Surplus abzuwerfen.

Fiskus

Staatskasse

Fixkapital

Anlagen, Maschinen als Speicher produktiver Nutzungen, die bei der Herstellung von Waren über mehrere Perioden hinweg aufgebraucht werden.

Fremdkapital

siehe Außenfinanzierung

Friktionslasten

Kosten beispielweise der Decarbonisierung im Allgemeinen,

im Besonderen für die Erneuerung der Energieerzeugungs- und Verkehrsinfrastruktur inklusive der Umschulungskosten für das davon betroffene Personal

Fundamentalbewertung

Die realistische Bewertung eines Unternehmens auf Grundlage der tatsächlich erzielten Erträge

fundierte Form

Kredite werden nach Ende ihre Laufzeit durch neue Kredite finanziert (Beispiel: Staatsfinanzierung)

Gefangenendilemma

Beispiel: 2 Bankräuber werden nach ihrer Tat gefasst, es kann Ihnen jedoch außer unerlaubten Waffenbesitzes nichts nachgewiesen werden, was 3 Jahre Gefängnis nach sich ziehen würde. Bei der Polizei werden die beiden getrennt voneinander verhört. Die Staatsanwaltschaft bietet eine Kronzeugenregelung an. Auf den Bankraub stehen 10 Jahre Gefängnis; gesteht nur einer der beiden greift die Kronzeugenregelung, d.h. 0 Jahre für den Geständigen. Liefern jedoch beide ein Geständnis ab, bekommen beide aufgrund mildernder Umstände (sie haben ja gestanden!) nur 8 Jahre. Jetzt stellt sich die Frage für jeden der Verbrecher, allg. Spieler genannt, wie er sich im Verhör verhalten sollte. Obwohl es für beide, zusammen betrachtet, besser wäre zu schweigen, haben beide aus zwei Gründen einen Anreiz, von einem evtl. Schweigeabkommen abzuweichen: 1. Freiheit ist besser als 3 Jahre Gefängnis, wenn man den anderen Spieler als loyal einschätzt. 2. Im Sinne der Schadensbegrenzung sind 8 Jahre besser als 10 Jahre Gefängnis, wenn der andere Spieler vom Abkommen abweicht. Man spricht allgemein von einem Gefangenendilemma (Misstrauen gegenüber der gemeinnützigen Kooperationsbereitschaft des Anderen, vielmehr Unterstellung eigennützigen Verhaltens), wenn beide Spieler einen Anreiz haben, (sowohl) von dem für sie zweitbesten Fall (beide kooperieren: 3

Jahre für A, 3 Jahre für B) (als auch von dem für einen jeden der Mitspieler auf Kosten des jeweils anderen besten Fall: 0 Jahre für A und 10 Jahre für B bzw. umgekehrt 10 Jahre für A und 0 Jahre für B) abzuweichen und sie sich für den schlechten Fall (beide gestehen: 8 Jahre für A und 8 Jahre für B) entscheiden.[37]

Geldemission

siehe „Geldüberhang"

Geldüberhang

Sog. Waren- oder Verkehrsgeld zeichnet sich durch dessen Edelmetallgestalt aus. Damit liegt es in einer Form vor, deren Produktionsaufwand dem der gehandelten Leistungen und Waren entspricht. Warengeld entsteht – extrem vereinfacht gesprochen – durch Verkauf von Edelmetall durch die Minenbetreiber an die Produzenten der dazu benötigten Vorprodukte. Die Vernichtung solchen Geldes wäre dann spiegelbildlich gleichbedeutend mit dessen Rückkauf und Einlagerung. Die Warengeldmenge, das Geldangebot ist eine Funktion der Ergiebigkeit der Lagerstätten, also ein gegenüber der Nachfrage nach Geld zur Abwicklung ökonomischer Transaktionen äußerlicher Umstand. Der Übergang von Waren- zu Kreditgeld wird erzwungen durch eine expandierende, die Beschränkungen der Edelmetallvorkommen sprengende Geldnachfrage insbesondere im Zuge der die industriekapitalistische Produktionsweise kennzeichnenden Überschussproduktion. Weil deren Bedingung 1) ununterbrochene Innovation und 2) Massenproduktion ist, steigt das Absatz-, damit aber das Ausfallrisiko ihrer Außenfinanzierung durch Kredit. Dieses wird kompensiert durch eine Risikoprämie, den Zins. Die Geldemission (Entstehung) erfolgt im modernen Zentralbankgeldsystem durch Kreditvergabe der Zentral- an die Geschäftsbanken gegen Hinterlegung eines Pfandes in Gestalt von Wertpapieren. Vernichtet wird das Geld am Ende der Laufzeit des Kredits durch dessen Tilgung und Verzinsung bzw. anders ausgedrückt: durch Rückkauf jener Vermögenswerte. Die Geldmenge ist eine Funktion des Umfangs der Verstetigung der Kreislaufform des Zentralbankkredits, welche vergleichbar ist mit der sog. fundierten Staats- durch Refinanzierung der Tilgung des Staatskredits durch revolvierende Aufnahme neuer Kredite. Drei Fälle können unterschieden werden: 1) Der Grenzfall einer Konstanz der Geldmenge setzt ein betragsgleiches Volumen revolvierender Kreditvergabe der Zentral- an die Geschäftsbanken voraus. 2) Selbstredend vergrößert/verkleinert eine expansive/restriktive Kreditvergabe durch die Zentralbank die Geldmenge. Abhängig vom Verhältnis der mengenmäßigen Veränderung der Geldnachfrage zur Abwicklung wirtschaftlicher Transaktionen einerseits, des Geldangebots andererseits kommt es zu inflatorischen (Geldüberhang, Nettogeldemission) oder deflatorischen (Geldlücke, Nettogeldvernichtung) Effekten. Beim Grenzfall zwischen dieser und jenem handelt es sich um Geldmengenkonstanz.

Gesellschaftlichkeit

Kennzeichen einer Waren produzierenden, kapitalistischen Wirtschaft ist das Absatzrisiko. Nur durch ihren Verkauf, also kaufkräftige Nachfrage im Anschluss an ihre privatwirtschaftliche Erzeugung, mithin ex post kann deren gesellschaftliche Notwendigkeit erwiesen werden. In einer Planwirtschaft erfolgt die Produktion erst nach Ermittlung einer dafür vorhandenen Nachfrage, mithin in Bezug auf ihre Gesellschaftlichkeit ex ante.

Grenzleistungsfähigkeit des Kapitals

Schon A. Smith konstatiert für reife Volkswirtschaften ein stagnative Tendenz infolge zurückgehender Gewinnmöglichkeiten und damit Investitionen. Mit „sinkender Grenzleistungsfähigkeit des Kapitals“ bringt Keynes diesen Umstand auf den Begriff. Mit wachsendem Kapitalstock schwinden die Möglichkeiten für zusätzliche, profitable Investitionen. Das Feld ist sozusagen bereits weitgehend abgegrast.

Hartwährungsraum

Anschaulich wird der Begriff des Hartwährungsraumes am Beispiel des mittelalterlichen Münzwesens. Den Fürsten als den Münzherren diente eine sog. Münzverrufung (Währungsreform) zur Auffüllung ihrer Staatskasse. Zu diesem Zweck zogen sie sämtliche in Gebrauch befindliche Münzen, auf welchen ihr Wappen prangte, ein, ließen sie einschmelzen und ersetzten einen Teil der edlen durch unedle Metalle. Aus der so entstandenen Legierung von geringerem Realwert ließen sie Münzen in gleicher Anzahl und zu unverändertem Nominalwert prägen. Das abgezweigte Edelmetall, der sog. Schlagschatz wanderte in die Staatskasse. Das führte dazu, dass die Kaufleute im Verkehr zwischen unterschiedlichen Währungsräumen sowie zwecks Aufschatzung ihrer Erträge auf Münzen mit vergleichsweise höherem Realwert zurückgriffen, während im Detailhandel geringwertige Münzen zirkulierten. Das schlechtere Geld der Weich- verdrängte so das bessere Geld der Hartwährungsräume aus der Detailzirkulation.

Hausse

ungebrochener Trend im Durchschnitt steigender Wertpapierkurse

Hazard

Waghalsigkeit (Hazardeur)

henologisch

Zurückführung eines Systems auf ein einheitliches, zentrales Prinzip

Hedging

Risikoabsicherung

idle money

anlagesuchendes Geld

inkrementelle Innovation

Verbesserungsinnovation

innere Selektion

Die Einengung des Möglichkeitsspielraumes für die Weiterentwicklung eines Systems durch seine eigene Geschichte (Pfadabhängigkeit) (Beispiel: aus einem Autounternehmen kann nicht umstandslos ein Chemieunternehmen werden)

Innovation

siehe Entrepreneur

instantan

augenblicklich

Invention

siehe Entrepreneur

Investitionsfalle

wegen großer Unsicherheit bezüglich der Ertragserwartungen infolge von erheblicher Kapazitätsunterauslastung, fehlende Investitionsbereitschaft aus Risikoscheu heraus trotz niedriger Finanzierungskosten (Zins)

invisible hand

Für die Marktform vollkommener Konkurrenz ist spezifisch, dass unter der Bedingung eines Marktgleichgewichts, also infolge von Reallokation nach Verschwinden eines temporären Überschussangebots bzw. einer temporären Überschussnachfrage und damit von Marktlagengewinnen sich auf dem Markt für eine definierte Ware auf Seiten der potentiellen Verkäufer wie Käufer als möglicher Kontrahenten eines Tauschgeschäfts jeweils eine unbestimmte Anzahl sog.

Tauschreflektanten gegenüberstehen, welche alle am Verkauf respektive Kauf der betreffenden Ware interessiert sind. Da durch Gewerbefreiheit die Wahl des Tauschkontrahenten nicht eingeschränkt ist und der Abschluss eines Tauschgeschäftes nur unter der Bedingung beidseitiger Freiwilligkeit erfolgt, werden über die Produktionskosten hinausgehende Preisforderungen bzw. hinter denselben zurückbleibende Zahlungsbereitschaften, damit aber sowohl Gewinne wie Verluste wegkonkurriert. Diesen Mechanismus des Ausgleichs von Angebot und Nachfrage bzw. die Deckung des Bedarfs zu kostendeckenden, also minimalen Preisen, bezeichnet A. Smith als invisible hand (unsichtbare Hand) des Marktes mit dem Resultat maximal möglicher Wohlfahrt.

IOT

Internet der Dinge, über Sensorsignale mit Rechnern vernetzte, technische Apparate

Jokerfunktion

Das Geld ist insoweit der Joker der Tauschobjekte, als es gegen jedwedes andere Tauschobjekt getauscht werden kann.

Kapazitätseffekt

Aus Investitionen in produktivitätssteigernde Maschinen resultiert eine Erhöhung der Produktionskapazität, der Kapazitätseffekt

Kapitalfunktion des Geldes

Marx beginnt die Darstellung des sog. Kapitalumschlags als der elementaren Einheitsperiode des kapitalistischen Produktions-Reproduktionsprozesses mit dem Stadium bzw. der sog. Kapitalmetamorphose des Geldkapitals (G). Der Bourgeois erwirbt also mit dem in seiner Verfügungsgewalt befindlichen, in Geldform vorliegenden Vorschuss für fixe und zirkulierende Sachmittel dieselben, der Proletarier mit von jenem ihm in Lohnform gegen den Verkauf der Ware „Arbeitskraft“[38]

vorgeschossenen Unterhaltsmitteln eben diese in stofflicher Warenform. Die Waren sind erzeugt in der vorlaufenden Periode und werden in der laufenden als physiologische Voraussetzung der Verausgabung von Arbeitskraft im Produktionsprozess vor Aufnahme desselben reproduktiv konsumiert oder innerhalb desselben durch Anwendung von Geräten (Maschinen) (fixe Sachmittel: Arbeitsmittel) bzw. durch Verarbeitung von Rohstoffen und Vorprodukten (zirkulierende Sachmittel: Arbeitsgegenstände) produktiv konsumiert. Dieses zweite Stadium bzw. diese zweite Kapitalmetamorphose nennt Marx Warenkapital (W). Durch kombinierte Anwendung der Waren „Arbeitskraft des Proletariers" und „Sachmittel" unter dem Kommando des Bourgeois wird aus dem Waren- das Produktivkapital (P), die dritte Kapitalmetamorphose. Resultat des Produktionsprozesses ist die vierte Kapitalmetamorphose, nämlich durch Verausgabung von Arbeitskraft unter der Verwendung von Sachmitteln (Arbeitsmittel und Arbeitsgegenstände) veredelte Arbeitsgegenstände bzw. weiterverarbeitete Ur- und Vorprodukte. Diese in der laufenden Periode hervorgebrachten Güter werden in der nachlaufenden produktiv oder reproduktiv konsumiert. Da sie wegen der verkehrswirtschaftlich organisierten Arbeitsteilung zu diesem Zweck zuvor von dem sie produzierenden an das sie konsumierende Unternehmen verkauft werden müssen bzw. an die Konsumenten (Arbeiter und Bourgeoises), liegen sie in Warenform vor, weswegen Marx dem vierten Stadium des Kapitalumschlags wieder die Bezeichnung Warenkapital (W') zuordnet. Durch Absatz der Waren zum sog. Produktionspreis (Kosten + Gewinnaufschlag) wird das Warenkapital zurückverwandelt in Geldkapital (G'). Mit diesem fünften Stadium des Kapitalumschlags kehrt der Umschlag des Kapitals zu seinem Ausgangspunkt (Geldkapital) zurück, freilich vermehrt um den Überschuss. Im Einleiten und Abschließen des Kapitalumschags besteht die Kapitalfunktion des Geldes.

konsolidieren

Die Aktivseite (Haben-Seite) der Bankbilanz, auf welcher Guthaben in Gestalt von Forderungen an Dritte verbucht werden, wird konsolidiert (ausgeglichen) durch staatliche Subventionen zum Ausgleich von infolge der Finanzkrise uneinbringlichen Forderungen.

Kreditsystem

Durch den Amortisationsfonds für fixes Kapital eröffnen sich im industriellen Kapitalismus zusätzliche Potentiale für die Zahlungsmittelverwendung per Fristen- und Volumentransformation und damit eine Beschleunigung des Kapitalumschlags. Das mit der handels- und a fortiori industriekapitalistischen Expansion einhergehende Größenwachstum der in Zahlungsmitteln abgewickelten Transaktionen ist Bedingung der Ausdifferenzierung von Finanzintermediären, d.h. des Bankensystems. Mit dem Bedeutungszuwachs der Außenfinanzierung des industriekapitalistischen Kreislaufes der Produktion/Reproduktion monopolisiert das Bankensystem nicht nur die Kredit-, sondern ebenso sehr sämtliche Zahlungsfunktionen innerhalb des reproduktiven Zyklus. Es wird zum Agenten sowohl des Kredit- als auch des Geldhandlungskapitals. Die Tauschmittelfunktion des Geldes wird von dessen Zahlungsmittelfunktion marginalisiert. Transaktionen erfolgen fast ausnahmslos über Umbuchungen von Zahlungsmitteln innerhalb eines Buchungssystems und nicht länger durch handgreiflichen Händewechsel von Tauschmitteln. Sowohl die Hauptproportion des Industrie- und Handelskapitals innerhalb von dessen Geldkapitalmetamorphose als auch die Geldform innerhalb der Revenuezirkulation zwecks verkehrswirtschaftlicher Abwicklung der reproduktionsnotwendigen Warenmetamorphosen sammeln sich in den Händen der Bankiers. Insofern die Zahlungsströme in überwiegender Form durch das Bankensystem vermittelt werden, geschieht dies – wie gesagt - ohne Dazwischenkunft von handgreiflichem Warengeld. Vielmehr werden die Depositen (Guthaben der Marktteilnehmer wie Amortisationsfonds der Einzelkapitalisten, private Sparguthaben) mit deren Verbindlichkeiten durch Konfrontation eben dieser mit eben jenen verrechnet. „Die Bankdepositen übernehmen wie die Banknoten die Funktionen des Geldes als Zirkulations- und Zahlungsmittel, zusätzlich diejenige des Schatzes, namentlich, sobald von den Banken Depositen für kürzere oder längere Laufzeiten offeriert werden, die verzinst werden. Bankdepositen sind somit eine weitere Form der Ökonomisierung der gesamtwirtschaftlichen Geldzirkulation, ... namentlich, soweit die Umlaufgeschwindigkeit des Geldes durch das bankvermittelte Verrechnungssystem weiter gesteigert wird.“[39]

Kuppeloutput

zusätzlicher Output eines Produktionsprozesses: z.B. nicht nur Wolle, sondern auch Milch als Output der Haltung von Schafen

Kursbewertung

Kurs = Preis von Wertpapieren als Ergebnis von Angebot und Nachfrage

Kurs-Gewinn-Verhältnis

Verhältnis von Kurs eines Anteilsscheins (Aktie) und aktuellem Gewinn des Unternehmens

lange Welle (Kontradieff-Zyklus)

Die Phasenfolge eines Kontradieff lautet wie folgt: 1) Invention; 2) Die Wahrscheinlichkeit der Konsolidierung der Marktlage der die Basisinnovation betreibenden Pioniersektoren wächst mit dem Fortschreiten der Phasenfolge des alten Kontradieff, insbesondere im Stadium der Stagnation. Vorher überwiegt die Verteidigung von Monopolpositionen der Altindustrien bei satisfiszierenden Gewinnen; 3) take off durch Ausnutzung von Produkt- und Prozessinnovationen infolge der Basisinnovation, hohe Marktlagengewinne. Kosteneinsparungen durch Verwendung eines innovativen, infolge inkrementaler, effizienzsteigernder Techniken günstig zu produzierenden Schlüsselfaktors

(Stahl, Erdöl, Mikro-Chips) befördern die Diffusion der neuen Technologie; 4) Nachlassen der Dynamik des Aufschwungs infolge abnehmender Möglichkeitsdichte bezüglich Innovation, Degression der Gewinne; 5) Reife der kontradieffspezifischen Technologie, Sättigungsphase, Verdrängungswettbewerb mit Zentralisation innerhalb der betreffenden Sektoren, weiter nachlassende bzw. negative Gewinne.

Leistungsspezialisierung

simultane Ausführung spezifischer Arbeitsleistungen durch verschiedene Personen

Leistungsspezifizierung

sukzessive Ausführung spezifischer Arbeitsleistungen durch ein und dieselbe Person

lender of last resort

Wie die Revenue- so ist auch die Kreditzirkulation ein von der Geldkapitalmetamorphose des Industriekapitals abgezweigter Nebenkreislauf. Zwecks Analyse der Kreditzirkulation sei von Marx' diachroner Thematisierung der Zirkulationsstadien (Ströme) auf die Leontieff-Input-Output-Analyse zurückgegriffen, um die Interdependenzen zwischen Sektoren und Sonderwirtschaften (Pole) innerhalb des Finanzsystems auf einen synchronen Begriff zu bringen. Während im warenproduzierenden System Waren gegen Tauschmittelzahlungen zwischen arbeitsteiligen Warenproduzenten transferiert werden, sind es im finanzkapitalistischen System überschüssige, nicht in den Kapitalumschlag der nachlaufenden Periode durch Innenfinanzierung reinvestierte Teile (Kredit) der Geldkapitalmetamorphose sonderwirtschaftlicher Industriekapitale (Amortisationsfonds), welche gegen Forderungen (Versprechen von zukünftiger Zahlung, im Besonderen Tilgung (aus dem in Geldkapitalform der nachlaufenden Perioden zurückkehrenden Teil des außenfinanzierenden Fremdkapitals der laufenden Periode) sowie Zinszahlungen (aliquoter Anteil an in den nachlaufenden Perioden eben jenem zurechenbaren Überschüssen)) den Besitzer wechseln. Bei einer Kreditkrise, also beim Reißen von Kreditketten infolge der Unmöglichkeit der Einlösung von Zahlungsversprechen, springt die Zentralbank mit Zahlungsmittelkrediten ein, um eine vorübergehende Illiquidität zu überbrücken und eine Kettenreaktion durch Überspringen der Zahlungsunfähigkeit von einem Glied der Kreditkette auf das vorlaufende zu verhindern. Diese Zentralbankfunktion nennt man lender of last resort. Weil sie erstes Glied der Kreditkette ist, ist ihre Kreditvergabe- bzw. Zahlungsfähigkeit unabhängig von der anderer Marktteilnehmer.

Leverage-Effekt

Kredithebel: Angenommen ein Kredit koste 5 % Zinsen/Jahr, die dadurch finanzierte Realinvestition erwirtschafte einen jährlichen Profit von 10%, dann beträgt der Leverage Effekt 5 %.

limitationale Nutzen- bzw. Produktionsfunktion

Notwendigkeit einer Kombination von mehr als einem nutzenstiftenden Gut bzw. von mehr als einem Produktionsfaktor in fixer Proportion, um Nutzen zu stiften oder ein Gut zu erzeugen (z.B. 1 Auto – 4 Reifen; 1 Kranführer – 1 Baukran)

Liquidität

Bargeld bzw. Sichteinlagen auf Girokonto (Jederzeit und unumschränkt verfügbares Buchgeld)

Liquiditätsprämie

Keynes „unterscheidet für ein Vermögen (englisch „asset“) grundsätzlich drei wirtschaftliche Größen: 1)die Produktivität (englisch „yield“) q eines Vermögensguts, die ein Erzeugungsverfahren unterstützt oder andere Dienste leistet; 2) Durchhaltekosten („carrying cost“) c in Form von Wertminderung durch Verderben und Veralten wie auch Kosten für Unterhalt, Lagerung und Versicherung; 3)Liquiditätsprämie („liquidity preference") l, eine „potenzielle Annehmlichkeit oder Sicherheit"; Der Gesamtvorteil eines Gutes, sein Eigenzins („own-rate of interest"), ist dann „Produktivität minus Durchhaltekosten plus Liquiditätsprämie", also „q − c + l". 3)Die Liquiditätspräferenz hängt nach Keynes ab von vier Beweggründen („Motiven") zum Halten von Geld: a)Einkommensmotiv („income-motive") für die Überbrückung der Zeit zwischen Einnahme und Ausgabe des Einkommens, b)Geschäftsmotiv („business-motive") für die Überbrückung der Zeit zwischen Einkauf und Verkauf einer Ware, c)Vorsorge- oder Vorsichtsmotiv („precautionary-motive") aus Vorsorge für bevorstehende und unvorhersehbare Ausgaben d) Spekulationsmotiv („speculative-motive") aus der Erwartung günstigerer Gelegenheiten zur Verwendung des Geldes."[40]

Marktlagenprofit

Die Marktlage ist durch das Mengenverhältnis sog. Tauschreflektanten (Marktteilnehmer, die um ein Tauschgeschäft konkurrieren) determiniert. Beim Monopol steht einer unbestimmten Anzahl konkurrierender Nachfrager ein einziger Anbieter ohne Konkurrenten gegenüber. Weil seine Preisforderung nicht durch konkurrierende Tauschreflektanten unterboten werden kann, realisiert er einen sog. Extra- oder Marktlagenprofit.

Monetarismus

Monetarismus und Marxismus unterscheiden sich durch die Richtung der Wirkung, in der sie die Quantitätsgleichung (Geldmenge * Umlaufgeschwindigkeit = Preisniveau * Transaktionen) auffassen. Dem Marxismus zufolge ist die Geldmenge nachfragebedingt. In Abhängigkeit von der Preissumme der zum Verkauf stehenden Warenmenge fragt das Publikum Geld nach, um diese zu erwerben. Dem Monetarismus zufolge ist das Geldangebot exogen (Hubschraubergeld, Beispiel: Silberimport (Warengeld) aus der Neuen Welt zu Beginn der Neuzeit). Durch autonome Variation der Geldmenge durch die

Zentralbank wird das Preisniveau und mithin die Geldwertstabilität beeinflusst (geldangebotsinduzierte Inflation/Deflation)

Monetarsystem

edelmetallgedecktes Warengeldsystem

moral hazard

Die Risikoscheu von Finanzmarktteilnehmern ist durch einen sog. moral hazard herabgesetzt, wenn diese damit rechnen können, dass mögliche Verluste infolge eines drastischen Kursverfalls (Crash) durch Interventionen der Zentralbank (zinsgünstige Kredite an Geschäftsbanken) oder den Staatshaushalt (Schuldenübernahme durch eine öffentlich-rechtliche bad bank) begrenzt werden.

Multiplikatoreffekt

Eine Investitionsnachfrage löst sog. Zweit-, Dritt- und Folgerundeneffekte aus, will sagen: Die für die Herstellung der bestellten Maschinen ausgezahlten Löhne werden ihrerseits nachfragewirksam durch den Kauf von Konsumgütern seitens der betreffenden Arbeiter. Diese Ausgaben sind zugleich Einnahmen anderer Marktteilnehmer, welche dafür wiederum Unterhaltsmittel nachfragen. Insofern solche Einnahmen nicht vollständig in den Konsum gehen, sondern zu einem Teil gespart werden, schwächen sich die Folgeeffekte einer Investitionsnachfrage auf die Konsumnachfrage von Runde zu Runde ab, bis sie irgendwann verschwinden. Der Gesamteffekt der Investitionsnachfrage auf die Konsumnachfrage heißt Multiplikatoreffekt. Er hat anderes als die Investitionsnachfrage keine Steigerung der Produktionskapazitäten zur Folge (Kapazitätseffekt), sondern nur einen höheren Auslastungsgrad der gegebenen Kapazitäten bzw. eine Inanspruchnahme von Kapazitätsreserven.

Nachfragepolitik

fiskalpolitische Subventionierung privater Investitions- und Konsumnachfrage

natürlicher Zinsfuß

„Zins, bei dem sich die Nachfrage nach Krediten für Investitionszwecke (Kapitalkredite) und das Angebot an Ersparnissen gerade ausgleichen (Kapitalmarktgleichgewicht) (K. Wicksell)“[41]

Negentropie

siehe Entropie

Nominallohn

in Geldgrößen bemessener Lohn ohne Berücksichtigung der Kaufkraft, welche durch das Preisniveau determiniert ist (Reallohn)

Offenmarktpolitik

Geldemission durch Kauf von Wertpapieren durch die Zentralbank

Opportunitätskosten

Auf Grund der Budgetrestriktion (Knappheit) ist jede Entscheidung für eine Ausgabe zum Erwerb einer Leistung zugleich Entscheidung gegen eine andere. Opportunitätskosten sind die Kosten dieses Verzichts auf eine alternative Verwendung.

Ordnungspolitik

politische Wahl der Wirtschaftsordnung (Marktwirtschaft, Zentralverwaltungswirtschaft (Staatswirtschaft), Mischsystem)

Ozeandüngung

Sauerstoffzuführung in sauerstoffarme Regionen der Ozeane,

dadurch Anregung des Algenwachstums mit Bindung von CO2 durch Photosynthese

Petrifikation

Versteinerung

Pfadabhängigkeit

siehe innere Selektion

Plethorakapital

Marx unterscheidet drei Phasen eines Umschlags des Kapitals: Geldkapital – Produktivkapital – Warenkapital. Ein Überschuss an Geldkapital, welches keine reale, Erträge versprechende Anlagemöglichkeit in Produktivkraft findet, ist ein Geldkapitalüberhang oder Plethorakapital. Es wird nicht in der Realkapitalzirkulation, sondern in der Zirkulation des fiktiven Kapitals umgeschlagen und induziert eine von der Fundamentalbewertung des Realkapitals scherenförmig sich entfernende Überbewertung der Kurse des fiktiven Kapitals (Vermögensinflation).

Ponzi-Form

Bei der Ponziform der Finanzierung dient ein Kredit im Unterschied zur fundierten Form nicht zur Ablösung eines anderen Kredits an dessen Laufzeitende, sondern zur Zahlung von dessen Zinsen (Schneeballsystem).

Portefolio

Zusammenstellung von Vermögensanlagen nicht korrelierter Risikoklassen, dadurch Risikostreuung

Potentialoutput

Die bei möglicher Vollauslastung ihrer Produktionskapazitäten erzielbare Ausbringungsmenge einer Volkswirtschaft

Primärmarkt

Markt für neu emittierte Anteilsscheine (Aktien) zwecks Einsammeln von Geldkapital für Investitionen in Sachkapital

private vices

private Begierden

Privilegierung

Erteilung von Privilegien, etwa Lizensierung bestimmter Gewerbe (mittelalterliches Zunftwesen, Beispiel heute: Taxigewerbe)

Produktivkraftentwicklung

technischer Fortschritt, abzulesen am Entwicklungsniveau der Produktionstechnologie einer Gesellschaft und ihres die Daseinsvorsorge betreffenden Wissens- und Erfahrungsschatzes (general intellect)

Produktionsverhältnisse

Die Gesellschaft ist in Klassen gegliedert. Diese unterscheiden sich hinsichtlich ihrer Stellung zu den Produktionsmitteln. Das Monopol der Verfügungsgewalt über dieselben besitzt die Bourgeoisie, davon ausgeschlossen ist das Proletariat.

profit squeeze

Profitklemme, Druck auf die Profite

prohibitiv

verhindernd

Prosperitätskonstellation

Eine Prosperitätskonstellation unfasst genuin ökonomische Momente sowie politische Rahmenbedingungen, welche hohe Wachstumsraten des Potentialoutputs sowie sämtlicher Einkommensarten (Löhne, Profite) ermöglichen.

public benefits

öffentliche Wohlfahrt

Quersubventionierung

Ausgleich der Verluste eines Unternehmensteils durch Gewinne eines Anderen

Ratio

Verhältnis

Real-Balance-Effekt von Vermögensinflation

Die nominale Kurssteigerung von Wertpapiervermögen infolge von Vermögensinflation wird von den Wertpapierbesitzern als Zunahme ihres realen Reichtums eingeschätzt (Buch- bzw. Nominalwertillusion). Deswegen verkaufen sie einen Teil ihres Vermögens und verwenden diese Einnahmen für Luxuskonsum.

Realzinsniveau

Unterschied zwischen Nominal- und Realzins analog zum Unterschied zwischen Real- und Nominallohn (siehe Nominallohn)

Regulationsweise

historisch spezifisches Set von ökonomischen Prozessmustern und politischen Eingriffen, welches eine relative Krisenfestigkeit des ökonomischen Prozesses über eine Epoche (Fordismus, Postfordismus) hinweg garantiert.

Revenue

Einkommen für Konsumtionszwecke bzw. Reproduktion im Unterschied zu Kapital für Investitionszwecke und Produktion inklusive Überschussproduktion

Rückstromprinzip

siehe „Geldüberhang“

Sekundärmarkt

Markt, auf welchem kapitalisierte Zahlungsversprechen und Anteilsscheine, die bereits in der Vergangenheit emittiert worden sind, gehandelt werden.

Signifikanztest

Bei einem Signifikanztest (Hypothesentest) soll eine Entscheidung getroffen werden, ob ein beobachteter Wert (Anstieg der mittleren Erdtemperatur) (mehr als nur zufällig) stark von einem vorgegebenen Wert (langfristiger Durchschnitt der Erdtemperatur) abweicht. Das heißt einfach, dass man überprüft, ob die Abweichung des beobachteten Wertes vom erwarteten Wert zu groß ist, als dass sie noch zufällig sein kann.[42]

Skalenertrag

Mit Größenwachstum des Produktivkapitals bei Massenproduktion wächst das Fixkapital (z.B. Gebäude) langsamer als das variable Kapital (Lohnkosten für die darin beschäftigten Arbeiter). Diese zusätzlichen Erträge nennt man Skalenerträge.

Solvenz

grundsätzliche, nicht zwingend fristgerechte Zahlungsfähigkeit; Sonderfall: Liquidität: unmittelbare und mithin jederzeit fristgerechte Zahlungsfähigkeit durch Verfügbarkeit von Bargeld oder Giroguthaben

Spekulationsgeschäfte

Gewinnerzielung durch Billig-Einkaufen und Teuer Verkaufen, ohne dass der Ware durch Produktionsaufwand Wert hinzugefügt worden ist.

Stamokap

Staatsmonopolkapitalismus: politisch abgesicherter Monopolkapitalismus

substitutionale Nutzen-, Produktionsfunktion

Notwendigkeit einer Kombination von mehr als einem nutzenstiftenden Gut bzw. von mehr als einem Produktionsfaktor in variabler Proportion, um Nutzen zu stiften oder ein Gut zu erzeugen (z.B. 1 ha Ackerland – 10 Landarbeiter oder 2 ha Ackerland – 8 Landarbeiter bei gleichbleibendem Ertrag)

sunk costs

durch Investition von liquidem Geldkapital in fixes Sachkapital wird die Jokerfunktion desGeldes aufgegeben. Damit entsteht das Risiko von sunk costs, d.h. von Verlust des Kapitalwertes bei ausbleibender Rentabilität der Investition

systemische Risiken der Finanzmärkte

Die Kreditgeldnachfrage expandiert ungeachtet einer sinkenden Grenzneigung der Kreditnehmer zum Konsum und gedämpfter Ertragserwartungen aus Realinvestitionen, wenn diese durch Spekulation auf die Erzielung von Differenzgewinnen am Sekundärmarkt für Vermögenstitel motiviert ist. Weil Letztere als Bestandsgrößen in der Summe fixe Distributionsanteile darstellen, führt eine wachsende, kreditfinanzierte Nachfrage zu Vermögensinflation (Kursralley). Wie die Waren- und Kreditgeldstabilität von der Edelmetalldeckung bzw. dem Verhältnis zwischen Kreditgeldnachfrage und –angebot abhängt, so die langfristige Stabilität eines Aufwärtstrends der Kursbewertung als Summe abgezinster, zukünftiger Erträge realer Vermögensgegenstände von deren tatsächlicher Ertragskraft. Bei einer scherenförmigen Entwicklung platzt früher oder später die spekulative Blase. Dadurch schwinden die Sicherheiten der kreditfinanzierten Sekundärmarktengagements. Wenn sich Rückzahlungsunfähigkeit infolge des Absturzes der Kurse weit unter den Einstiegskurs auf andere über Kreditketten verknüpfte, ökonomische Akteure fortpflanzt, wächst die Gefahr einer systemischen Krise. Die politische Notwendigkeit, eine solche abzuwenden, zwingt die Zentralbank zu einer expansiven Kreditgeldemission.

thesauriert

aufgeschatzt

to big to fail

Ein Unternehmen ist so groß, dass dessen Bankrott das gesamtwirtschaftliche System in eine existenzbedrohende Krise stürzt (Beispiel Lehmann Brothers: Weltfinanzkrise)

unelastisch

Eine Größe kovariiert nicht mit einer Anderen. Sie reagiert auf die Änderung jener unelastisch.

variables Kapital = Stromgröße

Mit variablem Kapital ist die durch den Unterhaltsmittelvorschuss finanzierte Arbeitskraft im Produktionsprozess gemeint. Letztere hat im Unterschied zum konstanten Kapital (Sachmittelvorschuss) die Eigenschaft, nicht nur als Kosten unverändert in den Wert des Erzeugnisses einzugehen, sondern diesem über die Unterhaltsmittel hinaus Wert hinzuzufügen. Diese Potenz, dem Produkt mehr Wert hinzuzusetzen als den der Reproduktionskosten (Unterhaltsmittel), ist das Spezifikum der

Ware Arbeitskraft.

Vermögensinflation

siehe Plethorakapital

volonte generale

Beispiel: demokratischer Grundkonsens (etwa von allen geteiltes Interesse am Funktionieren demokratischer Institutionen)

Wertaufbewahrungsfunktion des Geldes

Schatzbildung

zirkulierendes Kapital = Stromgröße

Mit zirkulierendem Kapital sind die Sachmittel-Vorschüsse für Roh- und Betriebsstoffe sowie Vorprodukte gemeint, welche während einer Umschlagperiode im Produktionsprozess produktiv verbraucht werden.

Zustand des Vertrauens

allgemein verbreitete, optimistische Einschätzung der Aussichten auf Gewinn

DIE FORTSETZUNG: SYSTEM CHANGE, NOT CLIMATE CHANGE

Sozialismus 4.0: Ökosozialistische Konzeption einer nachhaltigen Wirtschaftsordnung

(erscheint 2023)

Buchrückentext:

Wer vom Kapitalismus nicht reden will, der sollte (von der Klimakrise) schweigen
(M. Horkheimer)

Fritz Helmedag gibt auf die Coase-Frage nach dem Entscheidungskriterium für eine kapitalistische Unternehmensgründung eine produktionskosten-theoretische Antwort: die Aussicht auf steigende Skalenerträge infolge sinkender Fixkosten durch Massenproduktion, d.h. auf ein erhöhtes Wachstumspotential. Kapitalistische Marktwirtschaft und unkontrollierbarer, weil von privatwirtschaftlichen Interessen getriebener Wachstumszwang sind zwei Seiten ein und derselben Medaille. Mit diesem Argument und, weil dem Kapital aus der Abhängigkeit der reproduktionsnotwendigen Waren- von den Kapitalmetamorphosen bei nachlassender Prosperität ein Erpressungspotential zur Durchsetzung von Deregulierung erwächst, widerlegt Hartmut Zieger, M.A. der Philosophie und Nationalökonomie, die ordnungspolitische Idee einer durch strenge Regulierung nachhaltigen De-Growth-Marktwirtschaft.

Stattdessen plädiert er unter dem Arbeitstitel „Sozialismus 4.0" für die Machbarkeitsstudie zu einer Renaissance der Planwirtschaft unter Rückgriff auf die steuerungstechnologischen Innovationen der vierten industriellen Revolution. Denn nur so ist Kontingentierung von Ressourcen ex ante möglich, damit aber kontrolliertes Wachstum mit Rücksicht auf die planetare Tragfähigkeit.

Quer zum Längsschnittsgesichtspunkt seiner Überlegungen zu einer sozialistischen Klimapolitik sucht Zieger aus der Position einer reformulierten Kritik der politischen Ökonomie heraus die ideologiekritische Auseinandersetzung mit Neoklassikern, Neoricardianern und Evolutionsökonomen als Vertretern eines ordnungspolitischen Konservatismus. Diese spitzt er schließlich zu in einer Antikritik des Steuerungspessimismus als der vom neoliberalen mainstream gezogenen, kritischen Konsequenz aus dem Scheitern von keynesianischer Global- und realsozialistischer Detailsteuerung.

Endnoten

1 Kapazität der Wälder zur Photosynthese von Wasser und Kohlendioxid zu Kohlenwasserstoff und Sauerstoff, natürlicher Zerfall der Kohlendioxid- und Methan-Moleküle

2 Um das Vertrauen des Publikums in die Zuverlässigkeit wissenschaftlicher Prognosen als Ergebnis tautologischer Transformation von deduktiv-nomologischen Gesetzesaussagen nicht zu verspielen sowie in Anbetracht der methodischen Gepflogenheiten der scientific community, solche Voraussagen semper ubique einer Überprüfung zu unterziehen, grenzen sich die Vertreter der Zunft von pseudowissenschaftlichen, alarmistischen Weltuntergangsprophezeiungen ausdrücklich ab, indem sie äußerste Vorsicht walten lassen bei der Abschätzung zukünftiger Entwicklungen via Extrapolation von Zeitreihen empirisch erhobener Kennziffern. Aus diesem Grund und, weil klimawissenschaftliche Prognosen indeterministischer, stochastischer Natur sind und sich nicht eindeutig aus streng deterministischen Gesetzen ableiten lassen, befinden sich dieselben innerhalb eines Korridors zwischen vorsichtigen, optimistischen und gewagteren, pessimistischen Einschätzungen, was die Geschwindigkeit des Klimawandels betrifft. Da dieser nicht erst seit gestern, sondern nun schon seit einigen Jahrzehnten in den Focus der Forscher gerückt ist, liegen mittlerweile empirische Daten vor zur Überprüfung entsprechender Prognosen. Dabei hat sich herausgestellt, dass die tatsächliche Entwicklung eher den pessimistischen als den optimistischen Voraussagen nahekommt, was die Wissenschaftler dazu veranlasst, den Klimawandel zur Klimakrise hochzustufen als Übergangsstadium in die Klimakatastrophe.

3 Wegfall der Reflexion von Sonnenenergie durch Eisflächen

4 Methanemission durch Verwesung im Permafrostboden tief gefrorener Überreste der Vegetation aus Jahrmillionen der Erdgeschichte

5 Zum ersten Mal hat im Dürrejahr 2018 die Welternährungsproduktion nicht hingereicht, den Welternährungsbedarf zu decken. Es musste aus Silobeständen Getreide „zugefüttert" werden. Für die Verödung des Planeten gibt es übrigens einen Präzedenzfall innerhalb der Erdgeschichte, ein Zeitalter, welches durch eine extreme Erhöhung des CO2-Gehalts der Atmosphäre und ihrer Temperatur gekennzeichnet war. Jedes Kindergartenkind weiß spätestens seit Jurassic-Park, dass die Dinosaurier infolge des Einschlags eines gewaltigen Meteoriten auf der Erdoberfläche ausgestorben sind. Was nicht jeder weiß, ist der Umstand, dass bei der Explosion des Himmelskörpers gigantische Mengen CO2 freigesetzt worden sind. 40 Millionen Jahre hat es gedauert, bis die Erdatmosphäre auf das Niveau vor jener Katastrophe wieder abgekühlt war. Infolge des Temperaturanstiegs kam es zu einer

Verödung und Versteppung des Planeten. Und weil die Evolution von Flora und von Fauna miteinander zusammenhängen, wirkte sich die klimatisch bedingte Verringerung pflanzlicher Biomasse auf das Tierreich dahingehend aus, dass die größten tierischen Organismen während jenes Abschnitts der Erdgeschichte nicht vom Kaliber eines Elefanten waren, so wie wir das heute kennen, sondern gerade einmal die Größe einer Hauskatze erreichten. Mehr gab es einfach nicht zu fressen.

6 Dessen Rückgang macht auch kein green new deal wieder wett, mit welchem seine Verfechter für die Vereinbarkeit von Nachhaltigkeit und Kapitalismus werben. Der ökologische Umbau der Industriegesellschaft bewirkt allenfalls während der Einführungsphase der betreffenden Technologien eine Sonderkonjunktur mit von den entsprechenden Sektoren in die Gesamtwirtschaft sich fortpflanzenden, kurzfristigen, nachfragebedingten Multiplikatoreffekten, jedoch keinen Kapazitätseffekt. Denn bei jenen handelt es sich um keine additiven, sondern substitutive und ebenso wenig um produktivitätssteigernde Innovationen. Das probleminadäquate, weil schleppende Tempo der Bewältigung der Klimakrise, sprich der Umstand, dass das Kapital bzw. dessen politische Interessenwahrer sich im Zuge der Bewältigung der Corona-Krise auf einen Green New Deal in keiner dem Investitionsbedarf angemessenen, sondern nur in symbolpolitischer Größenordnung eingelassen haben, kann als Bestätigung von dessen hier vorgetragener Einschätzung gewertet werden. Der Plan der bürgerlichen Parteien, Deutschland solle im Bereich der Klimatechnologie einen technischen Vorsprung anstreben, zielt im Übrigen auf die nationale Kompensation des tendenziellen Falls des Agios durch das Erringen überproportionaler Weltmarktanteile zu Lasten der ausländischen Konkurrenz ab. Insofern ist eben jener nicht verallgemeinerungsfähig.

7 In Ermangelung empirisch statistischer, inflationsbereinigter Daten lässt sich die These von der Notwendigkeit einer Verlängerung des Produktionsumweges etwa bei der Energiegewinnung unter Verzicht auf fossile Brennstoffe, wenn auch nicht deduktiv nomologisch und mithin als strikt allgemeingültig erweisen, so doch im Mindesten exemplarisch untermauern. Insoweit mir Kostpreisbewertungen ausbringungsmengengleicher, alternativer, technischer Verfahren nicht verfügbar sind, ist deren Vergleichbarkeit durch Substitution der Wertmaßfunktion des Geldes erst herzustellen. Jene setzt ein tertium comparationis, also ein übereinstimmendes Merkmal in zwei spezifischen Ausprägungen voraus. Zwischen der Gewinnung fossiler Brennstoffe, insbesondere von Erdgas einerseits und der künstlichen Photosynthese von gasförmiger Speicherenergie via Extraktion von CO2 aus

der Atmosphäre und anschließender, chemischer Synthese zu Synthesegas unter Verwendung von durch Parabolspiegel konzentrierter Sonnenenergie andererseits gibt es ein solches. Eine Gegenüberstellung der genannten Energierohstoffgewinnungsprozesse lässt offenkundig werden, dass die traditionelle Technik der Extraktion fossiler Speicherenergie einen kürzeren Produktionsumweg erfordert als die ultramoderne Technik der Speichergassynthese (synthetische Brennstoffe). Während die Entstehung energetischer Rohstoffe bei jener durch natürliche Photosynthese erfolgt, wird sie bei dieser künstlich, d.h. unter technischem Aufwand betrieben. Das Beispiel der Substitution von Erdgasextraktion durch Speichergassynthese ist trotz seiner technologischen Spezifität geeignet, verallgemeinert zu werden. Denn es ist prototypisch für den Umstieg von einer auf unmittelbarer Aneignung von Ressourcen- und Senkenkapazitäten gekennzeichneten, kapitalistischen, im Besonderen fossilistischen Produktionsweise in eine 0-Emmissions-Kreislaufwirtschaft. Sombart spitzt in „Der moderne Kapitalismus" den Begriff des kapitalistischen Naturverhältnisses in der Formulierung vom tiefen Griff in die Schatzkiste der Natur zu. Der Umstieg auf eine Kreislaufwirtschaft bedeutet den Übergang von einer aneignenden in eine reproduzierende Produktionsweise. Aneignung, m.a.W. Ur- wird substituiert durch veredelnde Produktion, unmittelbare Aneignung von in der Natur vorgefundenen Rohstoffen durch die Kultivierung nachwachsender. Sinnbildlich steht M.C. Eshers „Ascending and Descending" für eine Produktionsweise, welche keiner Urprodukte mehr bedarf außer von Sonnenenergie, die einen unendlichen Prozess der Weiterverarbeitung von Zwischenprodukten antreibt. Der systemkonstitutive und –interne Prozess der Dissipation, d.h. der Herstellung von höher- aus niedrigerstufiger Negentropie unter Aufnahme von Exergie aus der extraterrestrischen Systemumwelt und Export von Anergie (Entropie) in dieselbe wird in einer solaren Wirtschaft durch technologische Substitution naturwüchsiger Prozesse technologisch verlängert und daher im Resultat nicht mit Export von Kuppeloutputs in Senken, sondern mit deren Reimport betrieben. Wenn wir die These von Marx durchdeklinieren, dass der Kapitalismus die beiden Springquellen des konkreten Reichtums untergräbt, verwertbare menschliche Arbeitskraft und Naturressourcen sowie -senken, indem wir seine Prognose, die Epoche des Industriekapitalismus sei limitiert durch den Umfang ebendieser Bestandsfaktoren, von einem Fuß auf zwei Füße stellen, dann hat die Senkung des agios infolge eines verlängerten Produktionsumweges ohne zusätzliche Ertragskraft durch technologische Substitution von Urproduktion nicht nur einen wachstumsdämpfenden Effekt, sondern stellt eine der konstitutiven Bedingungen des Industriekapitalismus, einen vorgegebenen, frei verfügbaren Ressourcen- und Senkenbestand, seine

Stoffursache in Frage.

8 Sowohl arbeits- als auch ressourcensparender, technischer Fortschritt ist fixkapitalverbrauchend. Je nach dem Betrag der jeweiligen Faktorverbräuche bzw. –ersparnisse lässt sich eine Fallunterscheidung vornehmen bezüglich der Reaktion der Profitrate bzw. des Agios auf die Veränderung der Faktorintensitäten. 1) Bei Betragsgleichheit von Verbrauch und Ersparnis bleiben Agio und Profitrate unverändert. Es handelt sich um neutralen, technischen Fortschritt. 2) Ist der Fixkapitalverbrauch größer/kleiner als die Ersparnis von variablem bzw. zirkulierendem Kapital, fällt/steigt die Profitrate bzw. das Agio. Es liegt kapitalverbrauchender/-sparender Fortschritt vor.

9 Ein vergleichbarer Filter beim Übergang von Invention zu Innovation ist auch wirksam bezüglich steuerungstechnologischer Neuerungen (Industrie 4.0). „Produktivität durch Computereinsatz (erwächst) in der Produktion erst aus der Kombination mit organisationaler Restrukturierung, Aneignung und Lernen, ... (also unter der Bedingung) umfangreicher, zusätzlicher Investitionen und Innovationen." (P. Brödner, Industrie 4.0 und Big Data, Bergkamen, 2016, S. 13, 14) „Zwar können grundlegende Verfahren etwa der Bildverarbeitung, der statistischen Analyse oder logischer Schlussweisen aufgabenübergreifend wiederverwendet werden, gleichwohl erfordert das Erschließen neuer Einzelfälle aufwendige, aufgaben- und kontextspezifische Entwicklungsarbeit." (P. Brödner, Industrie 4.0 und Big Data, Bergkamen, 2016, S. 14) Diese kostentreibenden Bedingungen stellen einen Filter der Aktualisierung des Gebrauchswertpotentials digitaler Technologie dar. Die jenseits der Logik von Geschäftsmodellen verbleibenden Anwendungsmöglichkeiten würden in einer sozialistischen Gesellschaft eröffnet. Die kapitalistischen Produktionsverhältnisse bremsen mithin die Produktivkraftentwicklung aus. Insofern Massenproduktion spezifisch ist für die kapitalistische Produktionsweise, können auch die Potentiale kleiner, auf den Endabnehmer zugeschnittener Losgrößen durch Anwendung von on-demand-Technologien möglicherweise erst innerhalb einer sozialistischen Produktionsweise vollständig erschlossen werden, für welche die Kennziffer der Anlagenproduktivität kein Kriterium der betreffenden Anlageninvestition darstellt. Insoweit on-demand-Technologien nicht kompatibel sind mit kapitalismusspezifischer Massenproduktion, vielmehr mit Ressourcenschonung und de growth, sind sie nicht neutral, d.h. indifferent gegenüber den Produktionsverhältnissen, unter welchen sie zur Anwendung kommen.

10 Vor dem Hintergrund dieser Überlegungen ist wohl auch die von der

FDP in den Ampelverhandlungen durchgesetzte Umstellung staatlicher Hilfen für privatwirtschaftliche Klimaschutzinvestitionen von Subventionierung auf KFW-Beteiligung an denselben mit außenfinanzierendem Fremdkapital zu verstehen. Welche Ironie der Geschichte wäre es, wenn ausgerechnet die Liberalen damit bei womöglich ausbleibender Rendite und daher uneinbringlichen Forderungen zum Treiber einer Teilverstaatlichung des industriellen Kapitals avancierten.

11 Fracking in den USA und in Kanada, Kohlebergbau in Australien

12 Ich plädiere übrigens deshalb dafür, ins Völkerrecht den Tatbestand der Beihilfe zum Ökozid aufzunehmen. Ebenso wenig wie es einem x-beliebigen Kurpfuscher straffrei erlaubt ist, aus eigenem Ermessen eine nach übereinstimmender Ansicht der überwältigenden Mehrheit der medizinischen Fachleute für Leib und Leben eines Patienten gefährliche Behandlungsmethode anzuwenden und sich damit herauszureden, es habe kein Vorsatz bestanden, dem ihm Anvertrauten Schaden zuzufügen, so darf die Schutzbehauptung noch zulässig sein, wirtschaftliche Interessen seien nichts Ehrenrühriges, und es bestehe keine einhellige Meinung über den Zusammenhang von CO2-Emission und Klimakatastrophe. Jedem sei es mit Verweis auf das Grundrecht der freien Meinungsäußerung unbenommen, daran nicht zu glauben. Denn aus indeterministischen oder statistischen Naturgesetzen abgeleitete Prognosen über singuläre, naturgeschichtliche Ereignisse wie die Klimakatastrophe sind nicht falsifizierbar und daher aus prinzipiellen Gründen nicht konsensfähig. Demgegenüber ist über eine falsifizierbare, weil aus deterministischen Gesetzen unter der Nebenbedingung reproduzierbarer bzw. beobachtbarer Anfangsbedingungen abgeleitete Behauptung über ein periodisches Ereignis wie etwa den Planetenumlauf bzw. über die daraus gezogene Schlussfolgerung, unser Planetensystem sei helio-, nicht geozentrisch, ein abschließender Konsens erzielbar. Es darf also, wenn wir die Errungenschaft der Menschenrechte nicht zur Disposition stellen wollen, das Plädieren wider den Zusammenhang zwischen CO2 Emission und Erderwärmung nicht unter Strafe gestellt werden. Aber, sobald eine solche Ansicht als Begründung für die Entscheidung zu einer Handlung praktisch wirksam wird mit Konsequenzen nicht nur für den Entscheidungsträger, sondern auch für Unbeteiligte, wird die Berufung auf theoretisch nicht gänzlich ausschließbare Möglichkeiten irrelevant, wenn lege artis zustande gekommene, statistische Berechnungen einer überwältigenden Mehrheit anerkannter Experten die Gefahr für Leib und Leben Dritter mit an Sicherheit grenzender Wahrscheinlichkeit prognostizieren. Im Falle einer Völkerrechtsnovellierung müssten die betroffenen, politischen und wirtschaftlichen Entscheidungsträger, welche mit fadenscheinigen Begründungen die Ausbeutung fossiler Energieträger vorantreiben, ernsthaft

damit rechnen, bei ihrer Einreise in ein fremdes Land oder spätestens beim Wechsel der Mehrheiten im eigenen, unmittelbar festgenommen und an das Haager Tribunal überstellt zu werden.

13 Auch die Bankenrettung durch den Staat erfolgte nicht nach dem Gießkannen-, sondern nach dem Schuldentragfähigkeitsprinzip.

14 Umfangreiche Fixkapitalinvestitionen, insbesondere in neue Technologie, werden in der Regel aus analagesuchendem, spekulativem Wagniskapital bestritten. Die Voraussetzung für dessen Mobilisierung besteht darin, dass Risikoaversion – das Kapital ist bekanntlich ein scheues Reh – durch die Aussicht auf Extraprofite überkompensiert wird, so etwa geschehen beim Eisenbahnbau im 19. Jahrhundert. Wie dargelegt - handelt es sich bei der klimafreundlichen Technologie um keine Sprungtechnologie. Im Gegenteil: sie ist mit dem Opportunitätskostennachteil eines vergleichsweise geringeren Agios infolge eines verlängerten Produktionsumweges ohne zusätzliche Ertragskraft belastet. Das erste klimapolitische Instrument der CO2-Bepreisung dient also dessen Überkompensation in einen Opportunitätskostenvorteil, d.h. der Implementierung eines auf mikroökonomischer Ebene wirksamen Anreizsystems.

15 Ein Spezifikum der industriekapitalistischen Produktionsweise ist der in anderen Produktionsweisen seinesgleichen suchende Umfang des Anlagen- bzw. Fixkapitals. Eine technische Besonderheit des Fixkapitals, im Besonderen industrieller anders als manufakturieller Anlagen ist der Einsatz von mechanischer Energie und technischer Energieumwandlungssysteme, die Erstere als Mittel in den Dienst eines Produktionszwecks einzuspannen erlauben. Diese wie jener verleihen der menschlichen Arbeitskraft eine Hebelwirkung, welche deren Produktivität im industriellen gegenüber der im vorindustriellen Zeitalter um ein Vielfaches anwachsen lässt. Die für diesen Umstand verantwortliche, maßgebliche, technische Erfindung ist die Dampfmaschine. „Die Dampfmaschine machte es möglich, die fossilen Energieträger in Arbeit zu übersetzen und so die Potenzen der lebendigen Arbeit zu vervielfältigen. Jeder lebendige Arbeiter erhält nun hunderte von „Energiesklaven“ oder „Pferdestärken“ zugeordnet. Der Reichtum an fossilen Energiereserven wird in eine Steigerung des Wohlstands der Nationen umgesetzt. Die industrielle Revolution war also auch eine fossile Revolution. Nicolas Georgescu-Roegen (1971) spricht in diesem Zusammenhang von einer „prometheischen Revolution“, weltgeschichtlich ähnlich bedeutsam wie die neolithische Revolution vor ca. 10000 Jahren, als die Menschen lernten, solare Flussenergie systematisch zu ernten, indem sie Landwirtschaft betrieben und so die Ressourcenflüsse aktiv kontrollierten (Sieferle 1997; Ponting 1991; Debeir/ Deléage/ Hémery 1989). Auch dieses neue Energieregime war ein

Quantensprung im Vergleich zu den Kulturen der Jäger und Sammler und steigert die Überschussproduktion so sehr, dass vom Land die entstehenden Städte, die sich dort konzentrierenden, unproduktiven Klassen, einschließlich der Herrschenden, der Künste und Wissenschaft oder eines Klerus ernährt werden konnten.
Doch im Verlauf der industriellen Revolution erfolgt der Übergang von der Nutzung der Flussenergie, die der Erde von der Sonne zustrahlt, zur Ausbeutung der Bestände, die über hunderte von Millionen Jahren aus der Biomasse mineralisiert worden sind. Dabei handelt es sich auch um Sonnenenergie, aber um gespeicherte Sonnenenergie. Diese wird nutzbar, weil entsprechende Systeme der Energiewandlung entwickelt werden. Die fossilen Energieträger sind der kapitalistischen Produktionsweise höchst angemessen. ... Sie können anders als Wasserkraft oder Windenergie weitgehend orts- und raumunabhängig eingesetzt werden. Sie können von den Lagerstätten relativ leicht zu den Verbrauchsorten verbracht werden. Die „räumliche Trennung von Energieumwandler und Energiequelle" (Débeir/ Deléage/ Hémery 1989: 165) ist die Voraussetzung für eine ökonomische Geographie, die sich weniger an natürlichen Gegebenheiten als an Rentabilitätsgesichtspunkten orientiert. Standorte sind Ergebnis von Standortpolitik und nicht von natürlichen Bedingungen. Die fossilen Energieträger sind zeitunabhängig, da sie leicht zu speichern sind und unabhängig von Jahres- oder Tageszeiten genutzt werden können, sogar 24 Stunden am Tag und dies das ganze Jahr. Sie sind auch nicht an kleine Dimensionen gebunden. Sie können jedes Größenwachstum mitmachen, also mit der Akkumulation des Kapitals mitwachsen. (Im ausgehenden 20. Jahrhundert wurde in einem einzigen Jahr so viel Energie verarbeitet und verbrannt wie im gesamten 19. Jahrhundert zusammengenommen, so der Umwelthistoriker Rolf Peter Sieferle (D. J. Weder, Umwelt, Bedrohung und Bewahrung, Bonn, 2003, S. 9)) Anders als die biotischen Energien, die nur dezentral in zumeist kleinen Einheiten in nützliche Arbeit umgesetzt werden können, erlauben die fossilen Energien Konzentration und Zentralisierung ökonomischer Prozesse." (Elmar Altvater, Aufstieg und Niedergang des fossilen Energieregimes Oder: Die Ökologie der globalen Ökonomie, ausgearbeitete Version eines Vortrags in Quito, Ecuador, Februar 2004)

16 In der Eigen- und Selbstversorgungswirtschaft besteht Personalunion zwischen Produzent und Konsument, im Mindesten jedoch räumliche Nähe derselben, etwa innerhalb einer Grundherrschaft. Schon für Platon und späterhin für Smith ist Bedingung für den Übergang von einer Selbst- mit dem Spezifikum der Leistungsspezifizierung hin zu einer durch Leistungsspezialisierung und mithin Produktivitätserhöhung

gekennzeichneten Fremdversorgungswirtschaft die Ausdehnungsfähigkeit des Marktes. Fremdversorgungswirtschaft ist aus diesem Grunde immer Verkehrswirtschaft. Der territoriale Konnex zwischen Produzent und Konsument zerfällt. Innerhalb von Hauswirtschaft und Grundherrschaft wird die Verbindung zwischen dem Mittel der Produktion und deren Zweck, der Konsumtion durch die henologische, planende Vernunft des Hausherrn bzw. Grundherrn oder seines Verwalters hergestellt. Dieser Konnex wird bereits in der früh- und hochmittelalterlichen Stadtwirtschaft mit den Merkmalen des Detail- und Lokalhandels gelockert. Funktionales Äquivalent für die Gewährleistung des produzentenseitigen Absatzes und der Fremdversorgung der Konsumenten sind naturwüchsig sich herausbildende, gewohnheitsmäßige Lieferbeziehungen im Rahmen des lokalen Markthandels sowie diskretionäre Maßnahmen des Magistrats und der Zünfte wie Priveligierung und Reglementierung (z.B. obrigkeitliche Preisfestsetzung und -aufsicht). Mit dem Aufkommen des Fernhandels in Spätmittelalter und beginnender Neuzeit, insbesondere mit dessen Ausweitung über Detaihandel mit Luxuswaren für die gehobenen Stände des Adels, Klerus sowie des städtischen Patriziats auf den Handel mit Massengütern dissoziieren Produktion und Konsumtion. Der Großhandel inklusive Logistik wird zum Bindeglied zwischen den territorial verstreut liegenden Beschaffungs- und Absatzmärkten Mittel-, West-, Süd-, Osteuropas, der Levante, Asiens und der Neuen Welt. Durch den Übergang von Selbst- zu Fremdversorgungswirtschaft, von Eigen- zu Verkehrswirtschaft findet die Loslösung der Versorgung mit Unterhaltsmitteln von der Scholle statt. In Letzterer sind sämtliche Erzeugnisse Kuppelprodukte, d.h. eine Kombination zwischen einem an seinem Produktionsstandort hervorgebrachten Gut und seiner Verbringung durch dessen Transport an den Ort seines Verbrauchs. Der Verkehrssektor ist somit konstitutiv für eine arbeitsteilige Fremdversorgungswirtschaft bzw. – wie der synonyme terminus technicus bereits verrät – für eine Verkehrswirtschaft.

17 Einer ökosozialistischen Lesart der Lenin'schen Imperialismustheorie zufolge ist Bedingung der Möglichkeit des Klassenkompromisses in den hochindustrialisierten Nationen durch Erhebung des Proletariats in den Stand einer Arbeiteraristokratie nicht nur eine überproportionale Ausbeutung der Arbeitskraft in den Ländern des Südens, sondern nicht minder der globalen Allmende durch die Pioniere der Industrialisierung.

18 Die transnationale Quersubventionierung der Mehrkosten für die Nachhaltigkeit von Entwicklung sowie des Ausstiegs aus der Urproduktion fossiler Rohstoffe ist der Einstieg in eine internationale Bewirtschaftung der globalen Allmende. So wie die EU-Agrarsubventionen umgestellt werden von der Massenproduktion überflüssiger Butterberge und Milchseen

auf Leistungen der Landschaftspflege und des Erhalts von Biotopen, so wäre in Entsprechung dazu beispielsweise Brasilien die Hauptlast der Weltsauerstoffproduktion durch den Amazonas-Regenwald in Höhe der Opportunitätskosten für den Strukturwandel zu entgelten, der durch den Verzicht auf Futtermittelproduktion für die Massentierhaltung auf gerodeten Flächen zwecks Fleischversorgung der Industrieländer erzwungen wird, sowie den Urproduzenten fossiler Energieträger der Schutz der Senke „Atmosphäre" vor dem Eintrag von CO2 in Höhe der für sie spezifischen Opportunitätskosten des betreffenden Strukturwandels. Ordnungspolitisch bedeutet eine transnationale Quersubventionierung aus Steuermitteln eine Umstellung von marktvermittelter Produktion für den individuellen Bedarf auf betriebsförmige für den kollektiven Bedarf als Aufgabe der Staatengemeinschaft. Die Überlebensnotwendigkeit der Nachhaltigkeit infolge der ökologischen Interdependenz innerhalb einer planetaren Biozöonose erzwingt im Besonderen eine Weltvergesellschaftung der Friktionslasten des Umbaus hin zu Klimagasneutralität, im Allgemeinen eine internationale Koordination der Entwicklung via politischer Willensbildung auf globaler Ebene. Der positive Anreiz jener Quersubventionierung zur Decarbonisierung kann ergänzt werden durch die Androhung der negativen Sanktion eines „Erziehungszollregimes", welches zollfreie bzw. -begünstigte Einfuhren jenseits einer Frist zur Einhaltung ex ante festgelegter CO2-Reduktionsziele von deren Realisation innerhalb derselben abhängig macht (siehe Einigung zwischen den USA und der EU im Handelskonflikt um EU-Stahlexporte).

19 Zur Finanzierung eines solchen Fonds könnten u.a. Einsparungen infolge internationaler Rüstungsbegrenzungs- und Abrüstungsvereinbarungen (nach dem Muster des KSZE-Prozesses) herangezogen werden (z.B. Umwandlung des +2%-Ziels der Nato in ein international verbindliches Minus-x%-Ziel). Klimarettung als Prävention des Entstehens von Ursachen künftiger Kriege um Wasser und einen infolge von Klimaveränderungen zurückgehenden, zur Nahrungsmittelproduktion geeigneten Flächenbestand wäre sozusagen vorzufinanzieren aus der zu erwartenden Friedensdividende der Ersparnis der für zivile E- und Wasserstoff-Fahrzeuge sowie Sonnenlichtkollektoren und Windräder umgewidmeten Ausgaben für Panzer und Haubitzen.

20 Weil ihnen auf Grund ihrer ihr Auskommen sichernden Klassenlage keine Zweifel kommen an der Alternativlosigkeit marktwirtschaftlicher Ordnungspolitik, verfallen Umweltaktivisten in den bürgerlichen Idealismus eines Appells an die Vernunft: Aus einem Opportunitätskostenkalkül zwischen kurzfristiger Nutzenmaximierung bei Ressourcenübernutzung einerseits und der Abwendung des ökologischen Overkills als conditio sine qua non jeglicher Nutzenerzielung durch Verzicht darauf andererseits leiten sie in Hobbes'scher

Manier einen grünen Gesellschaftsvertrag ab. Über ihr Vertrauen in das animal rationale übersehen sie die hierarchische Ordnung der menschlichen Bedürfnisse, wie sie von Maslow mit einer Pyramide veranschaulicht wird. Zweifellos basiert dieselbe, ohne dass dies von Maslow explizit reflektiert wird, auf dem Überlebensinteresse des Menschen. Doch genau dieses wird nicht nur von einem Ökozid in einer unbestimmten Zukunft in Frage gestellt, sondern ebenso sehr für die Betroffenen auf Grund ihrer prekären Klassenlage von einem zu dessen Verhinderung in absehbarer Zukunft notwendigen Strukturbruch. Infolgedessen sind sie nicht mit einem eindeutigen, unabweisbaren, sondern einem intertemporalen Opportunitätskostenkalkül konfrontiert. Sie haben nur die Wahl zwischen Szylla und Charybdis: Entweder jetzt schon Abrutschen ins Elend oder Erkaufen ihrer Existenzsicherung für eine unbestimmte Galgenfrist durch ein Weiter-So. Und da ist ihnen das Hemd von Heute näher als der Rock von Morgen.

21 Laut Pikettys „Das Kapital im 21. Jahrhundert" hat sich die Kapital/Einkommens-Ratio als Maß für die Vermögenskonzentration zwischen 1973, dem Ende des „golden age" genannten Nachkriegsbooms mit einem überproportionalen Anstieg der Lohnquote, und 2010 von 230% auf über 400% vergrößert.

22 Lucas Zeise, Finanzkapital, Köln, 2019, S. 7

23 Auch die in Italien und Spanien überproportionalen Sterberaten in Folge der Corona-Pandemie werden auf das Kaputtsparen des Gesundheitssystems im Besonderen, eine Austerity-Politik im Allgemeinen zurückgeführt, welche die Gläubigerstaaten den Empfängern von Stützungskrediten im Rahmen der Eurokrise als eines Resultats der Finanzkrise auferlegt hatten.

24 Vermögensinflation ist ein Resultat 1) der Herausbildung des kapitalistischen Kreditsystems als der Bedingung ihrer Möglichkeit, im besonderen der verrückten Form des fiktiven Kapitals als der Kapitalisierung sämtlicher, wiederkehrender Zahlungsströme (Resultat wird zur Voraussetzung), welche nicht nur durch einen vorgängigen Produktionsaufwand, sondern auch durch unmittelbare Aneignung vermittelt, welche nicht nur aus Überschüssen als in der Summe variablen, sondern auch aus Revenuen als in der Summe fixen Distributionsanteilen gespeist sein können, und mithin ebenjene Aneignung verschleiern (natürlicher Zinsfuß), 2) des Absinkens der objektiven Grenzleistungsfähigkeit des Kapitals in Richtung des unelastischen Niveaus der Liquiditäts- als einer subjektiven bzw. durch einen sog. Zustand des Vertrauens determinierten, intersubjektiven Versicherungsprämie gegen sunk costs als Opportunitätskosten für die Aufgabe der Jokerfunktion des Geldes, damit 3) des Rückschlags der Kapitalfunktion des Geldes in dessen Wertaufbewahrungsfunktion (Petrifikation der Eigentums- bzw.

Produktionsverhältnisse).

25 „Rent seeking", Aneignung von Teilen der Revenue-Zirkulation, ist Komplementärbegriff zu durch Kostenaufwand (Arbeit, Sachmittel, Produktionsumweg) vermitteltem Einkommen (wealth creating, Surplus-Produktion als Resultat der Kapitalzirkulation).

26 Das funktionale Pendant zur Absicherung von durch Vermögensmarktinflation über das Niveau des Wachstums des Potentialoutputs hinaus aufgeblähten Differenzbuchgewinnen, d.h. der Vermögensposition der Bourgeoisie mittels einer ultralockeren Geldpolitik als Instrument des Stamokap ist die von den Gewerkschaften in den 70er Jahren in Italien durchgesetzte scala mobile zur Absicherung der Einkommensposition der Arbeiterschaft gegen die inflationären Effekte von Preisanhebungen zum Ausgleich von Nominallohnerhöhungen.

27 „Für den Ökonomen A. Shaikh ist das ‚angemessene Maß für den technischen Wandel das Verhältnis des aktuellen BIP zum aktuellen Kapitalstock. ... In den 35 Jahren von 1980 bis 2015 ist dieses Verhältnis zwar gestiegen, aber die Wachstumsraten haben sich von Jahrzehnt zu Jahrzehnt verlangsamt. In den 1980er Jahren stieg diese Quote um durchschnittlich bescheidene 1,8 Prozent pro Jahr, in den 1990er-Jahren halbierte sich dieses Wachstum auf 0,9 Prozent und sank dann für die Jahre 2000 – 2009 auf 0,3 Prozent. Während der Erholungsphase von 2010 bis 2015 kam das Wachstum mit 0,08 Prozent pro Jahr fast vollständig zum Erliegen." (K. Moody, Schnelle Technologie, langsames Wachstum, in F. Butollo, S. Nuss, Marx und die Roboter, Berlin, 2019, S. 152)

„Ein weiteres Indiz dafür, dass in naher Zukunft keine großen Investitionen in der Fertigung zu erwarten sind, ist die relativ geringe Kapazitätsauslastung, die in den 1990er Jahren noch deutlich über 80 Prozent lag und mittlerweile im Durchschnitt um etwa 75 Prozent schwankt." (K. Moody, Schnelle Technologie, langsames Wachstum, in F. Butollo, S. Nuss, Marx und die Roboter, Berlin, 2019, S. 154)

Die Reinvestitionsquote ist von 2/3 des Gewinns nach Steuern im Nachkriegsboom der 1960er Jahre auf 40 % im 21. Jahrhundert zugunsten von Dividendenausschüttungen gesunken.

28 Zwischen Ende 1998 und Ende 2012 wuchs das BIP der BRD preisbereinigt um 19,99%, die Menge des freien Geldes für Vermögensinflation (= Geldmenge M1 – BIP – Inflation) um 99,75%.

29 Unter dem Regime privater Geldemission konkurrieren Geschäftsbanken zur Sicherung ausreichender Nachfrage nach dem von ihnen emittierten Geld um ihre Eigentumspositionen, d.h. aber um

Bonität. (Hayek) Im durch eine Geschäftsbank vermittelten Übergang eines Wechselbetrages aus dem Wechselverkehr in den staatsgeldvermittelten, allgemeinen Verkehr wird als Liquiditätsprämie für den in Geld ausgereichten Zentralbankkredit bis zum Fälligkeitstermin des Wechsels der sog. Diskont fällig. Die Emission von Geld als einer unverzinslichen Forderung gegen die Zentralbank ist auch im modernen Geldsystem durch Eigentum von für verzinsliche Forderungen haftenden Gläubigern unterlegt (Heinsohn). Das funktionale Äquivalent zu der im Zentralbankgeldsystem fehlenden Konkurrenz infolge des Annahmezwangs des betreffenden Geldes als eines gesetzlichen Zahlungsmittels ist die gesetzliche Verpflichtung der Geldpolitik auf Geldwertstabilität, etwa durch Variation des Diskontsatzes. Dadurch soll verhindert werden, dass Geld gleichsam aus dem Nichts geschaffen wird, indem beispielsweise der Staat unter Ausschaltung haftender Gläubiger-Eigentümer verbriefte Ansprüche gegen ihn selbst gegen Ausgabe von Geld bei der Zentralbank einreicht. Ungeachtet des Verbots der direkten Staatsfinanzierung verbleibt der Zentralbank die Möglichkeit einer lockeren Geldpolitik, etwa der für die Vermögensinflation relevanten Aufweichung der Kriterien für notenbankfähige Sicherheiten bei Wertpapierankäufen oder der Verlängerung der Laufzeiten durch die Zentralbank im Rahmen von Offenmarktgeschäften, z.B. im Zuge des Krisenmanagements eines Busts am Vermögensmarkt. Weil der Diskont auf verbriefte Eigentumsansprüche, welche gegen Staatsgeldkredit als Sicherheit zu hinterlegen sind, - wie dargelegt - gleichbedeutend ist mit der Liquiditätsprämie zum Hedging des betreffenden Verlustrisikos, Geldemission also in der Eigentumsordnung fundiert ist, entbehrt das gegen Zahlung desselben per Kredit emittierte Geld eines Stabilitätsankers in realwirtschaftlichen Erträgen. Damit wird die Möglichkeit einer politisch gesetzten, mengenmäßigen Variation der Geldmenge eröffnet. Die binnenwirtschaftliche Geldmengensteuerung findet ihre prinzipielle Schranke im Wechselkurs zwischen Währungen, d.h. im außenwirtschaftlichen Verkehrsmoment des Geldes (Marx). Doch de facto ist dieselbe infolge der durch Globalisierung bewirkten Synchronisation des wirtschaftlichen Prozesses, im Besonderen der Geldpolitik (QE), in den maßgeblichen Hartwährungsräumen unwirksam.

30 Das Kurs-Gewinnverhältnis des S&P 500, eines der meistbeachteten Aktienindizes der Welt, welcher die 500 größten, börsennotierten US-amerikanischen Unternehmen umfasst, weist für den Zeitraum von 1871 bis 1990 ein durchschnittliches Kurs-Gewinn-Verhältnis (KGV) von 13,46 auf, im mit der Konsolidierung des postfordistischen Regulationsregimes zusammenfallenden Zeitraum von 1991 bis 2011 ein KGV von 26,42.

Ein Indiz dafür, dass der seit der ersten Hälfte der 1980er Jahre anhaltende Aufwärtstrend des S&P 500 nicht nur ein Reflex eines entsprechenden Wachstums des fundamentalen Wertes des Realkapitals darstellt, vielmehr auch stamokaptheoretisch zu erklären ist durch eine expansive Staatsgeldpolitik und durch das Einspringen des Staatshaushaltes als lender of last resort während der Finanzkrise 2008 (staatlich gehedgter Casinokapitalismus) sind die relativ geringen Abstände zwischen den Crashs 1987, 2000 (Dotcom-Blase), 2008 (Immobilienblase, Bankenkrise) und dem Wiedererreichen der jeweiligen Vor-Krisen-Kursniveaus (1989, 2007, 2013) im Vergleich zu den bald 25 Jahren, die es brauchte, bis der S&P 500 das Kursniveau vom Vorabend des Schwarzen Freitags 1929, des Beginns der Weltwirtschaftskrise, wieder erreicht hatte. Ein weiteres Indiz für die stamokaptheoretische Interpretation der überdurchschnittlichen Hausse am Vermögensmarkt ist die Abflachung der Konjunkturzyklen. Für Unternehmen sind solche Engagements attraktiver als die Fortsetzung von Realinvestitionen im Aufschwung mit der Gefahr inflationärer Überhitzung.

31 Die Immobilienblase, welche in der Finanz- und Bankenkrise 2008/2009 geplatzt ist, ist mit spekulativen Booms am Aktienmarkt (Beispiel: Dotcom-Blase) und den zugehörigen Crashs vergleichbar. Während hier durch Investments anlagesuchenden Kapitals die Kurs- der Gewinnentwicklung davoneilt (KGV-Wachstum), die ex ante erwarteten Erträge (genauer das außenfinanzierte Eigenkapital als der Erwartungswert der Summe der abgezinsten, zukünftigen Erträge) also den ex post realisierten, und die im Crash fällige Kursbereinigung durch die expansive Geldpolitik der Zentralbank (lender of last resort) abgefedert wird, erweist sich dort die kaufkräftige Nachfrage ex post als zu gering, um die Gesellschaftlichkeit des durch idle money außenfinanzierten, in unabhängiger Privatarbeit ex ante erbrachten Immobilienangebots herzustellen. Gleichwohl wird jenes Überangebot an anlagesuchendem Fremdkapital durch den Fiskus als lender of last resort, d.h. durch staatliches rent seeking (Staatsverschuldung und deren Finanzierung durch Steuererhebung), vor dem fälligen Forderungsausfall bewahrt (privatwirtschaftliches rent seeking).

32 Staatsschuldenkrise im Euroraum 2011/2012) und deren Bewältigung: Pole bzw. Stadien des Zirkulationsprozesses an den Finanzmärkten: a) Staatshaushalte in der Semiperipherie stoßen infolge schwindender Schuldentragfähigkeit bzw. infolge von deren Kehrseite: mangelnder Ertrags- und mithin Steuerkraft in der Krise an die Grenze ihrer Budgetrestriktion. b) Gefahr des Reißens der Kreditkette an der Stelle ihres zur Bewältigung der Finanzmarktkrise substituierten Gliedes durch drohende

Staatsinsolvenz, Wertberichtigung der Staatsschuldtitel (Nominalwertverfall am Sekundärmarkt, Steigerung der Refinanzierungs-, d.h. Zinslast am Primärmarkt), drohender Umschlag der Finanzierung der Staaten der Semiperipherie aus der fundierten in die Ponzi-Form, b) Einfügung der Zentralbank als Ersatzglied durch Umschuldung der fallierenden Staatskredite von insolventen, staatlichen Kreditnehmern auf die Zentralbank (lender of last resort dritter Stufe), anders ausgedrückt durch Umwandlung von Geschäftsbankenstaats- in Zentralbankkredit (Zentralbank wird zur bad bank), i.e. durch politisch induzierte Überschussnachfrage nach wertberichtigten, verbrieften Eigentumsansprüchen auf staatliche Rentenzahlungen am Sekundärmarkt. Indirekte Staatsfinanzierung in dieser Form ist – noch anderes ausgedrückt – funktionales Äquivalent für das Ausscheiden der betreffenden Staaten aus einem Hart- in einen Weichwährungssraum (Verlust der internationalen Verkehrsgeldfunktion bzw. umgekehrt ausgedrückt: Deaktualisierung des Weichwährungspotentials). Die Bedingung der Möglichkeit für jenen Kreditnehmerwechsel besteht darin, dass die Zentralbank (EZB) im Wesentlichen eine Institution des Zentrums ist, insofern durch dessen Ertragskraft und Bonität (vergleichsweise weichere Budgetrestriktion der Zentrumsstaaten) das Vertrauen des Verkehrs in die Wertbeständigkeit des von ihr emittierten Staatsgeldes fundiert ist (fundamentale, weil im Verhältnis zu konkurrierenden (Anlage-)Währungen erfolgende Bewertung als Verkehrsmoment des Geldes)).

1) Indirekte Staatsfinanzierung als Kernmoment einer postpostfordistischen Regulationsweise: Pole bzw. Stadien des Zirkulationsprozesses an den Finanzmärkten: a) Staatsgeldemission durch Zentralbank (lender of last resort erster Ordnung), d.h. Kreditvergabe an, b) Geschäftsbanken, c) i) Staat am Primärmarkt als Kreditnehmer Nummer 1 gegen Ausstellung verbriefter Eigentumsansprüche auf staatliche Einnahmen durch fundierte Finanzierung sowie Zwangsabgaben-, sprich Steuererhebung; Verwendung: gebrauchswertorientierte Sachinvestitionen (Finanzierung des ökologischen Umbaus), ii) Publikum, Nicht-Banken als Kreditnehmer Nummer 2; Aufteilung auf Zwecke der Weiterverwendung: Realkasse für Konsumtions- und investive Zwecke, Vorsichtskasse sowie Kasse für Spekulation, u.a. auf Staatsschuldtitel wegen Hedgingfunktion für das Portefolio und Werterhaltungs- bzw. aufbewahrungsfunktion; d) Verkauf der Staatsschuldtitel von Nicht-Banken (Publikum) an Zentralbank am Sekundärmarkt gegen Staatsgeld durch politisch induzierte Überschussnachfrage (OMT = Outright Monetary Transaction; QE = Quantitative Easening)

2)erwünschte Folgen der OMT: a) Kursanstieg der Staatsanleihen am

Sekundärmarkt und Senkung des Refinanzierungssatzes am Primärmarkt, b) wegen umgekehrter Proportionalität zwischen Refinanzierungssatz und Budgetrestriktion des Staates (Verschuldungsfähigkeit) Aufweichung Letzterer, c) Expansion der Staatsausgaben zwecks ökologischen Umbaus, weil finanzierbar durch deficit spending quasi zum Nulltarif, d) Quintessenz: indirekte Staatsfinanzierung (OMT, QE) ist gleichbedeutend mit der Rückgängigmachung der ordnungspolitischen Trennung von Geld- und Fiskalpolitik mit Rücksicht auf das Realakkumulationspotential des privaten, kommerziellen Verkehrs.

f)unproblematische Nebenfolgen der OMT: relative Kurssteigerung der Staatspapiere erzeugt den Dominoeffekt einer Kurssteigerung privater Anleihen als konkurrierender Anlagealternativen infolge von Kaufanreizen durch Verschiebung der Kursrelationen mit der Nebenfolge einer Verallgemeinerung der Nominalzinssenkung.

3)problematische, jedoch kompensierbare Nebenfolgen der OMT: a) Die beschriebene Verallgemeinerung des Kursanstiegs auf sämtliche Arten von verbrieften Eigentumstiteln auf Rentenzahlungen, ob staatlicher oder privater Natur, kompensiert den primären nachfragedämpfenden Effekt der OMT auf Staatsschuldtitel, b) in einem kontraktiven und infolgedessen volatilen Umfeld bleiben Staatsanleihen als Ansprüche auf unmittelbare Aneignung kraft hoheitlicher Zwangsbefugnisse gefragt als Stabilitätsanker mit Hedging- und Wertaufbewahrungsfunktion sowie auf Grund des institutionellen Erfordernisses der Hinterlegung mündelsicherer Eigentumsansprüche gegen Zentralbankkredit durch die Geschäftsbanken, c) Geldmengenexpansion unter Außer-Kraft-Setzung des Rückstromprinzips (Analogie: Falschgeld, Turboform), deren inflatorische Risiken in einem kontraktiven, deflatorischen Umfeld beherrschbar bleiben, insbesondere unter Berücksichtigung einer übereinstimmenden, weltwirtschaftlichen Konstellation in sämtlichen Hartwährungsräumen, d) Erzeugung langfristiger und verlässlicher Erwartung bezüglich Geldmengenexpansion durch die Zentralbank mindert Risiko des Vertrauensverlustes des Publikums in die Bonität des Staates, damit eines Zinsanstiegs infolge von Staatsanleihen betreffenden Panikverkäufen mit der Gefahr des Übergangs von fundierter in ponzifinanzierte Staatsverschuldung und letzten Endes in den Staatsbankrott („Whatever it takes" (M. Draghi) als Ausdruck unbegrenter Nachschussbereitschaft).

4)Bei der postpostfordistischen Regulationsweise handelt es sich um kein perpetuum mobile. Vielmehr ist sie wegen der im Folgenden aufgelisteten, problematischen, weil nicht kompensierbaren Nebenfolgen der OMT absehbar transitorisch: a) Gebrauchswert- und mithin nicht verwertungsorientierte Staatsausgaben für klimaneutrale Infrastruktur steigern nicht die gesamtwirtschaftliche Ertragskraft und untergraben somit langfristig das Vertrauen in das entsprechende Staatsgeld auf Grund einer Beschleunigung der divergenten Entwicklung zwischen Realakkumulation und Geldmengenwachstum. b) Geldmengenexpansion (QE) begünstigt das Entstehen neuer Vermögensblasen am Finanzmarkt mit der Gefahr der Überdehnung des Budgets auch der Zentrumsstaaten infolge von Stamokap-Hedging. c) Das Szenario einer drohenden Staatsinsolvenz betrifft zuvorderst Zentrumsstaaten mit überdimensionierten Zahlungsbilanzdefiziten (GB, USA unter der Nebenbedingung der Aufzehrung der Pufferkapazität des internationalen Vertrauens in die Weltgeldfunktion des US-Dollars). Denn d) durch die Repatriierung ausländischer Vermögen (etwa mit US-Staatsanleihen gehedgter chinesischer Staatsfonds) wird das Verkehrsmoment des Geldes virulent. Abwertungsdruck führt zum Verlust der staatsgeldpolitischen Souveränität; e) gegebenenfalls Dominoeffekt multilateraler, wechselseitiger Zahlungsunfähigkeit, f) Zerfall der Weltwirtschaftsordnung, g) im Übrigen behält die Kritik der Österreicher an der Allokationsineffizienz zentral gesteuerter Investitions- und Industriepolitik ihre Brisanz.

5)deshalb Szenario einer Produktions- bzw. Steuerungsweise des kybernetischen Sozialismus auf Basis entsprechend gewachsener Rechnerkapazitäten jenseits der postpostfordistischen Regulationsweise: a) in der kurzen Frist Substitution der Preissignalfunktion des Geldes für Mengenanpassung durch EDV-basierte Simultanplanung (input-output-Technologiematrix inklusive Preissystem) mit gegengekoppelter Korrektur von Mengenänderungen infolge intermittierenden Gelegenheitshandelns, b) in der mittleren und langen Frist politische Steuerung von Variablen 2. Ordnung (Technologieparameter); Substitution der Funktion des Geldes als Zahlungsmittel und Kapital und damit der Vermittlung von Gegenwart mit Zukunft durch kurz getaktete Planrevisionen (Sollwertprogrammierung). (siehe: H. Zieger, Systeme Change, not Climate Change – Sozialismus 4.0: ökosozialistische Konzeption einer nachhaltigen Wirtschaftsordnung)

33 Das betreffende EuGH Urteil hat eine außergewöhnliche Zwangslage (Beispiel: Eurorettung) zur Bedingung des ordnungspolitischen Sündenfalls indirekter Staatsfinanzierung erhoben. Jenem Kriterium genügt a fortiori das Erfordernis der Klimarettung. Die wissenschaftlich und mit der Wahrung des Allgemeininteresses verbrämte, ideologische Antikritik der Gefahr einer Zerrüttung von Staatsfinanzen, Währungsstabilität und infolgedessen wirtschaftlicher Prosperität kann mit der gleichen Argumentationsstrategie

gekontert werden wie die Gegenwehr der Bourgeoisie gegen die staatliche Abschöpfung privater Differenzgewinne durch Zwangsanleihen und Tobin-Steuer, nämlich mit dem Verweis auf die „verkehrte Welt" einer verkommenen Werteordnung, welche die Wahrung der Interessen von Gläubigern des Staates über die Interessen der Bevölkerungsmehrheit in den Schuldnerstaaten an der Befriedigung kollektiver Notdurft (Washington Konsensus) bzw. eines Großteils der Menschheit an der Tragfähigkeit des Planeten und damit an ihrem Überleben erhebt.

Die EU hat mehrfach ihre Bereitschaft zur Aussetzung der Defizitregeln unter den Bedingungen einer außergewöhnlichen Zwangslage, wie die Finanzierung der Klimarettung eine darstellt, unter Beweis gestellt.

34 Google-Wörterbuch

35 Google-Wörterbuch

36 Wikipedia

37 Das Gefangenendilemma – 5 Beispiele (uni-muenchen.de)

38 Arbeitsvertraglich befristete Überlassung der persönlichen Souveränitat des Proletariers über die Verwendung seiner Lebenszeit an den Bourgeois

39 S. Krüger, Politische Ökonomie des Geldes, Hamburg, 2012, S. 73, 74

40 Wikipedia

41 O. Issing, Einführung in die Geldtheorie, München, 1993, S. 95

42 https://studyflix.de/statistik/signifikanztest-2043